Jacqueline Koeppen

OBENRUM FREI

Wie du Denkblockaden überwindest

dtv

Ausführliche Informationen über
unsere Autorinnen und Autoren und ihre Bücher
finden Sie unter www.dtv.de

Dieses Buch ist auch als eBook erhältlich.

Originalausgabe
© 2021 dtv Verlagsgesellschaft mbH & Co. KG, München
Das Werk ist urheberrechtlich geschützt.
Jede Verwertung ist nur mit Zustimmung des Verlags zulässig.
Das gilt insbesondere für Vervielfältigungen, Übersetzungen und
die Einspeicherung und Verarbeitung in elektronischen Systemen.
Umschlaggestaltung: semper smile, München,
unter Verwendung eines Fotos von Jens Oellermann
Gesetzt aus der Franziska
Satz: Nadine Clemens, München
Druck und Bindung: CPI books GmbH, Leck
Printed in Germany • ISBN 978-3-423-26263-7

FÜR
GiANLUCA

Inhalt

Selbstsabotage –
Ein Schritt vor und zwei zurück

»Die meisten von uns haben zwei Leben.
Das Leben, das wir leben, und das nicht gelebte Leben in uns.
Zwischen den beiden steht Widerstand.«
Steven Pressfield

Hast du schon Projekte bis kurz vor Abgabe vor dir hergeschoben? Enthusiastisch eine Diät oder ein Sportprogramm begonnen – und wieder abgebrochen? Einen Neujahrsvorsatz geschmiedet und ihn schnell wieder fallen gelassen? Ertappst du dich manchmal dabei, wie du an dir zweifelst, subtile Angst verspürst, deine Gefühle nicht ausdrücken kannst, alles perfekt machen willst oder nicht für das einstehst, was dir wichtig ist?

Die Psychologie nennt solches Verhalten Selbstsabotage: Obwohl wir etwas sehr stark wollen, durchkreuzen wir selbst unbewusst unsere Pläne. Statt einen großen Schritt nach vorn zu machen, gehen wir zwei zurück und gestatten eingeschliffenen Mustern, unser Selbstbewusstsein, unseren Erfolg sowie unsere innere Harmonie und Zufriedenheit zu untergraben. Oft wird unser selbstschädigendes Verhalten sogar zu einem so starken Anteil der eigenen Persönlichkeit, dass wir nicht einmal mehr bemerken, wann und auf welche Weise wir uns sabotieren. Allerdings registrieren wir eines genau: Wir stehen uns immer wieder selbst im Weg und schöpfen unsere Möglichkeiten nicht aus.

Seit Jahren analysiere ich mit großem Interesse, wie Denkblockaden entstehen und wie wir Menschen uns selbst sabotieren. In meiner Arbeit als Coach und Kommunikationstrainerin sowie durch die intensive Beschäftigung mit Psychologie, Linguistik, Neurolinguistischem Programmieren (NLP) und dem Buddhismus habe ich tiefgreifende Erkenntnisse gewonnen, welche Muster und Programme der Selbstsabotage zugrunde liegen. In diesem Buch lege ich die gewonnenen Einsichten systematisch dar und vermittle wirksame und praxiserprobte Strategien, mit denen wir uns von alten Denkspiralen befreien und Blockaden überwinden können.

Dafür untersuche ich detailliert die Welt der menschlichen Psyche, stelle Modelle vor, mit denen sich unsere inneren Prozesse bewusst steuern lassen, und biete vielschichtige Wachstumsimpulse, die zu sofortiger Veränderung führen können.

Ich empfehle dir, das Buch zunächst von Anfang bis Ende in deinem eigenen Tempo durchzulesen und die Übungen und Strategien auszuprobieren, die dich ansprechen. Anschließend kannst du immer wieder an geeigneter Stelle nachschlagen, wenn du ein Selbstsabotagemuster bei dir entdeckst, das du auflösen willst. Der Aufbau des Buches ist darauf ausgelegt, dir gezielt zu helfen, wenn du Coaching und Unterstützung brauchst. So wird sich deine mentale Welt nach und nach neu strukturieren. Das Ergebnis dieser motivierenden Anleitung zum Selbstcoaching ist ein selbstbestimmtes Leben, das du aktiv und nach eigenen Vorstellungen gestaltest.

Ich wünsche dir eine gute Reise zu dir selbst.

Deine Jacqueline Koeppen

Teil 1

DIE GRUNDLAGEN DER SELBST- BESTIMMUNG

Die Dimensionen deiner inneren Welt

»Nimm dir Zeit zum Denken. Es ist die Quelle der Kraft.«
Irische Volksweisheit

Warum unser Gehirn unser größter Widersacher ist

Obgleich die Selbstsabotage leicht zu beschreiben ist, liegen ihr komplexe Abläufe in unserem Gehirn zugrunde. Dort spielen sich Prozesse ab, die regelmäßig verhindern, dass wir das erreichen, was wir uns vornehmen. Es scheint so, als finde ein ständiger Kampf in uns statt: Unser Bewusstsein strebt hohe Ziele an, während in unserem Unterbewusstsein Widerstand entsteht. Rational sind wir felsenfest davon überzeugt, dass wir mehr Sport treiben, gesünder essen, eine erfüllte Partnerschaft führen, erfolgreicher und selbstbewusster leben, mehr an uns glauben, mutiger sein und tatkräftig handeln wollen. Und doch findet unser Unterbewusstsein immer wieder Wege, dies erfolgreich zu verhindern.

Wie entsteht diese weitverbreitete Verhaltenstendenz? Die Hauptursache ist eine evolutionär bedingte Voreinstellung in unserem Gehirn, welche den perfekten Nährboden für Selbstsabotage liefert.

Unser Gehirn ist in erster Linie nicht darauf ausgelegt, uns dabei zu unterstützen, selbstgesteckte Ziele zu erreichen. Vielmehr ist sein oberstes Ziel, unser Überleben zu sichern. Daher versucht es permanent, uns vor Gefahren zu schützen. Immer wenn wir eine potenzielle Gefahr vermieden haben, werden in unserem Gehirn Glückshormone ausgeschüttet, was dazu führt, dass wir positive Gefühle empfinden. Zur Ausschüttung solcher Glückshormone kommt es ebenfalls, wenn wir ein lohnendes Ziel erreicht haben. In beiden Fällen erleben wir also eine Art Belohnung und fühlen uns gut.

Nun kann unsere Biochemie nicht für uns entscheiden, welche der beiden Optionen für uns langfristig wertvoller ist. Und genau hier liegt der Ursprung der Selbstsabotage: Sie entsteht immer dann, wenn unser Drang, Gefahren zu vermeiden, stärker ist als unser Antrieb, unsere Ziele zu erreichen. Das macht unser Gehirn potenziell zu unserem ärgsten Widersacher, denn das, was es als Gefahr einstuft, ist selten wirklich gefährlich und kann uns langfristig sogar mehr Zufriedenheit, Glück und Erfolg einbringen. Doch was empfindet unser Gehirn überhaupt als Gefahr?

Wie wir unser Gehirn zu unserem Verbündeten machen

Tendenziell stuft unser Gehirn alles als gefährlich ein, was neu für uns ist und außerhalb unserer Komfortzone liegt. Vor Gruppen sprechen, selbstbewusst auftreten, an uns glauben, uns abgrenzen, für das einstehen, was uns wichtig ist, bewusst statt impulsiv reagieren, Entscheidungen treffen, Bequemlichkeit überwinden, Perfektionismus loslassen, dranbleiben – all das können Beispiele für Dinge außerhalb unserer Komfortzone sein. Wollen wir sie umsetzen, treffen wir auf den Widerstand unseres Unterbewusstseins, denn hier wittert es Gefahr. Es wird versuchen, uns vor der antizipierten Gefahr zu schützen und dafür zu sorgen, dass wir uns sicher fühlen, mit dem Ergebnis, dass wir unsere angestrebten Ziele nicht erreichen.

Das »Komfortzonenmodell« bietet einen wertvollen Ansatz, um diesen Effekt zu überwinden. Es stellt dar, wie wir uns als Menschen weiterentwickeln, und hilft uns zu verstehen, wie wir unser Gehirn einsetzen können, um Selbstsabotage zu vermeiden.

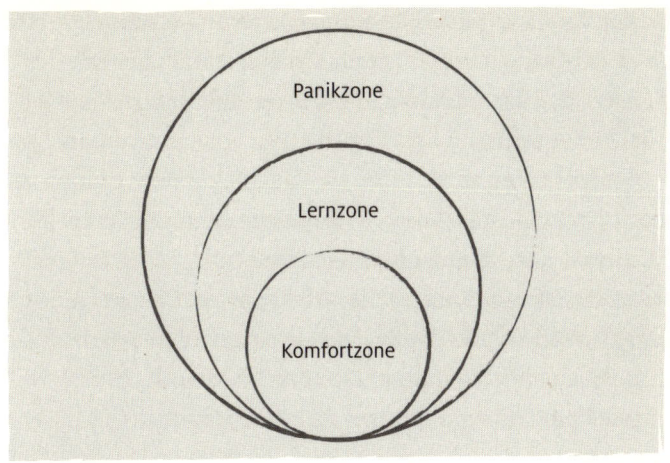

Das Komfortzonenmodell

Das Komfortzonenmodell unterteilt unser Leben in drei Bereiche: die Komfortzone, die Lernzone und die Gefahrenzone. Je nachdem, in welcher Zone wir uns gerade befinden, entwickeln wir uns weiter – oder stagnieren. Schauen wir uns die Zonen einmal genau an.

In der Komfortzone finden wir alles Angenehme, Entspannte und Gewohnte. Sie ist ein sicherer Raum. Hier fühlen wir uns wohl, wir kennen die Abläufe und wissen, was zu tun ist. Unsere Strategien funktionieren. Wir können uns zurücklehnen, unser Energieaufwand ist minimal. Doch in unserer Komfortzone sind auch unsere eingeschliffenen Muster, Gewohnheiten, Vermeidungsstrategien sowie all unsere kleinen und größeren Selbsttäuschungen angesiedelt. Das macht sie zu einem trügerischen Ort, denn hier finden weder Lernprozesse noch Veränderungen statt. Unser Unterbewusstsein schätzt diese Zone als sicher ein und wehrt sich dagegen, dass wir sie verlassen.

Wollen wir uns weiterentwickeln, ist es unabdingbar, uns aus unserer Komfortzone hinaus in unsere Lernzone zu begeben. Diese Zone ist der Ort, wo wir alte Pfade verlassen und unbekanntes Terrain betreten. Hier funktionieren unsere alten Muster nur eingeschränkt oder überhaupt nicht mehr. Wir beginnen, unsere Strategien zu hinterfragen, und nutzen sie als Basis zur Entwicklung neuer Denk-, Emotions- und Verhaltensmuster. So finden unweigerlich Lernprozesse und Neuorientierungen statt.

Die anschließende Zone ist die Gefahrenzone. Hier geraten wir an unsere physischen und psychischen Grenzen. Wir erleben Situationen, in denen wir uns extrem unsicher, hilflos und unwohl fühlen. Unangenehme Erinnerungen und Ängste kommen in uns hoch, alte Muster springen an. In unserem Unterbewusstsein herrscht Alarmstufe Rot, und wir können lediglich mit Angriff, Flucht oder Erstarren reagieren. Ein Nachdenken über weitere Handlungsoptionen ist nicht mehr möglich. Nur noch ein Ziel ist entscheidend: schnellstmöglich wieder in unsere Komfortzone zu gelangen.

Die Kunst der Überwindung von Selbstsabotage liegt nun darin,

▶ den Wert der Komfortzone als Ort zum Krafttanken anzuerkennen, hier jedoch nicht dauerhaft zu verweilen,

▶ uns immer wieder bewusst aus unserer Komfortzone hinaus in unsere Lernzone zu begeben und

▶ realistisch zwischen Gefahrenzone und Lernzone zu unterscheiden, um uns nicht zu überfordern.

Begeben wir uns immer wieder in unsere Lernzone, passiert etwas Magisches: Wir beginnen uns in dieser Zone wohlzufühlen. Allmählich wird sie zu unserer neuen Komfortzone, und die Gefahrenzone verwandelt sich in unsere neue Lernzone. So erweitern wir Schritt für Schritt unseren Horizont und schaffen die Basis dafür, Selbstsabotage zu überwinden.

Mut zum Schritt ins Leere

Immer, wenn wir etwas Neues wagen und unsere Komfortzone verlassen, begegnen wir folgendem Problem: Wir treten ins Leere. Das kann uns eine Heidenangst einjagen und sich so anfühlen, als wären wir bereits in der Gefahrenzone. In solchen Momenten zieht uns unser Unterbewusstsein per evolutionärer Anordnung wie ein Gummiband zurück in unsere Komfortzone.

Wie also lässt sich dieses Muster durchbrechen?

Mithilfe eines dreistufigen Prozesses können wir unsere Lernzone zu unserer neuen Wohlfühlzone machen und unerwünschte Muster überwinden. Der erste Schritt ist Selbsterkenntnis. Der zweite Schritt besteht darin, neue Strategien zu entwickeln. Im dritten Schritt praktizieren wir diese neuen Strategien regelmäßig, sodass sie zu Gewohnheiten und somit zu unserer neuen Komfortzone werden.

Widmen wir uns nun mithilfe der folgenden Wachstumsstrategien zuerst der Selbsterkenntnis.

Wachstumsstrategien

Strategie 1: Eine Mindmap der Selbstsabotage erstellen

1. Lege dir verschiedenfarbige Stifte und einen großen weißen Bogen Papier zurecht, je größer, desto besser.
2. Schreibe in die Mitte »Mein aktuelles Leben«. Notiere dann alle wichtigen Lebensbereiche als Knotenpunkte um den Mittelpunkt herum. Beispiele für Lebensbereiche sind:

▶ Körper ▶ Lebensstil ▶ Geist

▶ Partnerschaft ▶ Freizeitgestaltung ▶ Seele

▶ Beruf ▶ Freundschaften ▶ Wohnumfeld

▶ Finanzen ▶ Familie

3. Überlege dir jetzt, welche Ziele du in jedem Lebensbereich verfolgst. Halte bei den einzelnen Lebensbereichen jeweils drei bis fünf Ziele fest.
4. Denke nun darüber nach, wie du dich in den einzelnen Lebensbereichen sabotierst. Notiere bei jedem Ziel, welche Formen der Selbstsabotage du dort ausübst. Es können vielfältige Muster sein. Sei so ausführlich und präzise wie möglich. Einige Beispiele für Selbstsabotagemuster sind:

Aggression	Angst	Ärger
Bequemlichkeit	Eigene Bedürfnisse ignorieren	Eigene Fähigkeiten unterschätzen
Erstarren	Groll	Hilflosigkeit
Hoffnungslosigkeit	Impulsivität	Innerer Konflikt
Kampf	Keine Grenzen setzen	Limitierende Glaubenssätze
Mangelnder Glaube an sich selbst	Mangelnde Strategien	Mangelndes Wissen
Mit der Vergangenheit hadern	Negative Bewertungen der Situation	Negative Gewohnheiten
Nicht für sich einstehen	Perfektionismus	Prokrastinieren
Rollen spielen	Selbstabwertung	Selbstaufgabe
Selbstmitleid	Selbsttäuschung	Selbstverleugnung
Sich Sorgen machen	Traurigkeit	Überforderung
Unentschlossenheit	Vermeiden	Verletzt sein
Verzweiflung	Weglaufen	Wertlosigkeit
Wut	Ziellosigkeit	

5. Schreibe nun genau auf, warum du dieses Verhalten zeigst. Überlege dir, warum du in den jeweiligen Lebensbereichen so handelst. Welche Gefahren nimmst du wahr? Was stufst du als unsicher, beängstigend oder gefährlich ein? Nutze den Satz: »Ich (Sabotagemuster), weil ich ...«

6. Nun notiere bei den Knotenpunkten, wie sich deine Selbstsabotage genau auswirkt. Wie verhinderst du deinen Erfolg, und welche Auswirkungen haben deine Muster auf diesen Lebensbereich? Welche Ergebnisse entstehen? Was erreichst du nicht? Sei so präzise wie möglich.

7. Entwickle pro Lebensbereich ein Zielbild. Schreibe dafür auf, was genau du anstelle des selbstschädigenden Verhaltens willst. Wie sähe der jeweilige Lebensbereich aus, wenn alles perfekt wäre und du dich nicht selbst sabotieren würdest? Stell dir dazu zum Beispiel das Gegenteil deiner Selbstsabotage vor. Wie würdest du denken, fühlen und handeln? Welche Einstellung hättest du? Welche Ergebnisse würdest du erzielen?

Diese Übungen helfen dir dabei, deine Selbstsabotagemuster zu erkennen und dir darüber klar zu werden, welche Auswirkungen sie auf die verschiedenen Lebensbereiche haben. Zudem kannst du klarer für dich definieren, was du anstelle dessen willst.

Mit dieser Klarheit kannst du jetzt geeignete Strategien anwenden, um deine Selbstsabotagemuster zu überwinden. Vielfältige Strategien und Impulse dafür findest du im weiteren Verlauf des Buches.

Selbstbestimmt handeln mit dem 5-Kompetenzen-Modell

Wenn wir die Kontrolle über unsere innere Welt und damit über unser Leben übernehmen möchten, sollten wir unsere eingeschliffenen Muster, Überzeugungen und Lebensregeln überprüfen. Doch die meisten von uns kennen sich selbst nicht. Sie wissen nicht, wie sie »ticken«, sondern stellen nur immer wieder fest, dass sie die gleichen unwillkürlichen Denk- und Verhaltensmuster zeigen. Wenn wir Klarheit gewinnen, wie unsere inneren Programme funktionieren, und sie bewusst steuern, können wir jede Form der Selbstsabotage überwinden.

Ein Blick in die kognitive Verhaltensforschung hilft uns, die Komplexität unserer Innenwelt zu verstehen. Sie geht davon aus, dass unser Denken, unsere Gefühle und unser Verhalten eng miteinander verknüpft sind. Sie untersucht, auf welche Weise diese Aspekte sich gegenseitig bedingen und wie sie sich auf unser körperliches, geistiges und seelisches Wohlbefinden auswirken. Kombinieren wir diesen Ansatz mit den Erkenntnissen der Linguistik und des Neurolinguistischen Programmierens, die ebenfalls der Wahrnehmung und der Sprache eine große Bedeutung in Bezug auf Verhaltensänderungen beimessen, ergibt sich daraus ein praktisches Modell, das wir im Alltag nutzen können, um ein hohes Maß an Selbstbestimmung zu erlangen. Ich nenne dieses Konzept das 5-Kompetenzen-Modell. Mithilfe dieses Modells können wir ein besseres Bewusstsein für unsere innere Welt entwickeln und unser Verhalten zielgerichtet steuern. Es umfasst die folgenden fünf Elemente, auf die wir in jedem wachen Moment unseres Lebens bewusst Einfluss nehmen können:

▶ Wahrnehmen
▶ Denken
▶ Fühlen
▶ Sprechen
▶ Handeln

Diese fünf Elemente repräsentieren gleichzeitig komplexe Prozesse, die sekündlich ablaufen. Gelingt es uns, diese Prozesse bewusst wahrzunehmen und zu steuern, erlangen wir ein Höchstmaß an Selbstbestimmung und sind in der Lage, unsere Selbstsabotage zu beenden. Diesen Zusammenhang werde ich in den folgenden Kapiteln näher erläutern.

Die Logik der 5 Kompetenzen:
Alles automatisch, oder was?

Modellhaft laufen die Prozesse in unserem Geist auf diese Weise ab:

▶ Wir nehmen eine Information über unsere Sinneskanäle wahr. Das kann ein Reiz im Außen oder im Inneren sein.

▶ Durch den Reiz entstehen bewusste und unbewusste Gedanken.

▶ Diese Gedanken lösen Gefühle aus. Gleichzeitig werden unsere Gedanken von unseren Gefühlen beeinflusst.

▶ Aus unseren Gedanken und Gefühlen entstehen Sprache und weitere Aktivitäten.

▶ Die Ergebnisse unseres Handelns wirken erneut als Reize, die wir wahrnehmen. Der Kreislauf setzt sich fort.

Natürlich gibt es bei diesen Prozessen keinen stringenten Ablaufplan.

Sekündlich bedingen sich die Prozesse in rasender Geschwindigkeit gegenseitig und beeinflussen unsere Stimmung, unsere Reaktionen und den Grad unserer Selbstwirksamkeit. So kann sich etwa unsere Gefühlslage und Handlungsfähigkeit innerhalb eines Moments völlig verändern. Beispielsweise sitzen wir gerade noch entspannt und ausgeglichen mit unserem Partner am Tisch und plaudern. Plötzlich sagt er etwas, das uns verletzt oder angreift. Augenblicklich ändert sich unsere Stimmungslage. Im Beruf kann es passieren, dass wir gut gelaunt ins Büro kommen und plötzlich auf unseren Chef treffen, der uns in sein Büro bittet. Unweigerlich wird aus unserer guten Laune Besorgnis, weil wir fürchten, etwas falsch gemacht zu haben, und nun möglicherweise Ärger droht.

Solche Situationen kennen wir alle nur zu gut. Allerdings machen wir uns selten bewusst, was in einem solchen Moment in uns vor sich geht. Wir werden nur mit dem Endergebnis konfrontiert. Dabei stehen die fünf Kompetenzen in einer inneren Logik zueinander. Wenn es uns gelingt, diese innere Logik zu verstehen, kommen wir unserer Selbstsabotage auf die Schliche und können uns buchstäblich selbst neu programmieren.

Selbstbestimmung statt Selbstsabotage

In den folgenden Kapiteln findest du wirksame Strategien, um die fünf Kompetenzen zu entwickeln und dein Leben lang davon zu profitieren. So schöpfst du aus der vollen kreativen Kraft deines Geistes und kannst Selbstsabotage aus dir selbst heraus beenden. Werfen wir einen ersten Blick auf die Vorteile der fünf Kompetenzen.

1. Präzises Wahrnehmen: Fördere deine Aufmerksamkeit

Viele Schwierigkeiten unseres Lebens beruhen darauf, dass wir unsere Wahrnehmung für die absolute Wahrheit halten. Das, was in unser Bewusstsein dringt, ist allerdings immer nur ein Ausschnitt der Realität, der durch Filterungsprozesse und subjektive Interpretationen entsteht. Wenn wir unsere Wahrnehmung schärfen, werden wir nicht nur auf wichtige Aspekte der Welt aufmerksam, sondern werden auch zu offeneren Menschen, finden kreativere Lösungen für unsere Probleme und entwickeln bessere Beziehungen zu anderen Menschen. All das werde ich in den nächsten Kapiteln ausführlich erläutern und belegen.

2. Klares Denken: Befreie dich von Denkblockaden

Mit unseren Denkprozessen versuchen wir ständig Ordnung in das Chaos unserer Innenwelt zu bringen. Wie wir sehen werden, gelingt uns das umso besser, je klarer und bewusster wir denken, da sich auf diese Weise unerwünschte Muster durchbrechen lassen. Verworrene Denkstrukturen führen dagegen zu Selbstsabotage.

3. Authentisches Fühlen: Entwickle emotionale Kontrolle

Viele Menschen empfinden die eigenen Emotionen als beunruhigend und verdrängen ihre Gefühle lieber, anstatt sie zu verarbeiten. Doch unser Umgang mit Emotionen hat einen großen Einfluss auf unsere Lebensqualität. Wenn wir nicht lernen, unsere Gefühle wahrzunehmen und auf eine konstruktive Weise mit ihnen umzugehen, drohen körperliche und psychische Erkrankungen. Gelingt es uns, unseren Emotionen sinnvoll zu begegnen, können wir sie positiv beeinflussen und unser seelisches Gleichgewicht fördern.

4. Bewusstes Sprechen: Schärfe deine Sprachkompetenz

Sprache hat eine ungeheure Kraft. Wer über eine hohe Sprachkompetenz verfügt, nutzt die Magie der Sprache. Er kann Menschen besser verstehen, Gespräche effektiv steuern, sich und andere motivieren und die eigenen Ziele leichter erreichen. Darüber hinaus beeinflusst Sprache unsere Gehirnstruktur. Je mehr wir einen positiven Sprachstil kultivieren, desto positiver werden unsere Grundstimmung und unsere Haltung gegenüber dem Leben, wie wir später ergründen werden.

5. Entschlossenes Handeln: Komm ins Tun

Entschlossenes Handeln ist ein Grundstein vieler Errungenschaften. Wer über geeignete Entscheidungs- und Motivationsstrategien verfügt, um aktiv zu werden, kann seine Ziele klarer verfolgen und umsetzen.

Innere Strategien bewusst wählen

Wenn wir unsere fünf Kompetenzen stärken, können wir uns bewusst auf aktuelle Situationen ausrichten und auf geeignete Weise darauf reagieren. Dazu ist es unerlässlich, die verschiedenen Prozesse zunächst wahrzunehmen und bewusst voneinander zu trennen. Dies gelingt uns mittels eines einfachen Tricks. Wir können uns in jedem wachen Moment und insbesondere in kritischen Situationen diese fünf Fragen stellen:

▶ Was nehme ich jetzt gerade wahr?
▶ Was denke ich jetzt gerade?
▶ Was fühle ich jetzt gerade?
▶ Was sage ich jetzt gerade?
▶ Was tue ich jetzt gerade?

Durch diese Fragen lenken wir unser Bewusstsein auf die einzelnen Vorgänge und sind in der Lage, sie aktiv zu steuern, statt verschiedenen Automatismen ausgeliefert zu sein. Sind wir uns dessen bewusst, was wir gerade wahrnehmen, denken, fühlen, sagen und tun, können wir auch gezielt reagieren.

Freiheit entsteht zwischen Reiz und Reaktion

In seinem Buch *Trotzdem Ja zum Leben sagen: Ein Psychologe erlebt das Konzentrationslager* beschreibt Viktor Frankl, der Begründer der Logotherapie, die Fähigkeit, bewusst auf etwas zu reagieren, mit diesen berühmten Worten: »*Zwischen Reiz und Reaktion liegt ein Raum. In diesem Raum liegt unsere Macht zur Wahl unserer Reaktion. In unserer Reaktion liegen unsere Entwicklung und unsere Freiheit.*«

Doch wie oft reagieren wir automatisch auf das, was wir erleben, statt unsere Reaktion bewusst zu steuern? Wir brausen auf, vergreifen uns im Ton, lassen uns von unseren Emotionen mitreißen, denken nicht nach, bevor wir reden oder handeln, und bringen uns immer wieder in ungewollte Situationen.

Gelingt es uns, bewusst auf Reize zu reagieren, statt unsere Reaktion automatisch ablaufen zu lassen, gewinnen wir innere Freiheit. Wenn wir zwischen Reiz und Reaktion für einen kurzen Moment »die Zeit anhalten«, können wir über unsere Reaktion entscheiden und uns vom Automatismus des Reiz-Reaktions-Mechanismus befreien.

Die Freiheitstechnik

Um »die Zeit anzuhalten« und unsere Reaktionen zu steuern, können wir uns einer Technik bedienen, die ich als Freiheitstechnik bezeichne. Sie ermöglicht uns, bewusst auf das zu reagieren, was in unserer inneren und äußeren Welt geschieht, und uns auf diese Weise für Freiheit, statt für Selbstsabotage zu entscheiden. Und so funktioniert die Freiheitstechnik:

1. Den Reiz bewusst wahrnehmen

Der Auslöser unserer automatischen Verhaltensmuster ist immer ein Reiz. Das kann ein äußerer Reiz wie etwa eine Aussage oder das Verhalten einer Person sein oder ein innerer Reiz wie bestimmte Gefühlszustände, Gedanken oder Bedürfnisse. Im ersten Schritt der Freiheitstechnik geht es darum, den jeweiligen Reiz bewusst wahrzunehmen, der normalerweise automatische Reaktionen in uns auslöst.

2. Anker auslösen: innehalten und automatische Programme stoppen

Im zweiten Schritt geht es darum, für wenige Sekunden »die Zeit anzuhalten«, also den Raum zwischen Reiz und Reaktion zu öffnen – und zwar in dem kritischen Moment, in dem normalerweise unsere automatischen Muster aktiv werden und unsere Selbstsabotage beginnt.

Dabei hilft uns ein Anker. Ein Anker ist eine Verkettung eines Reizes mit einer bestimmten Reaktion. Um unerwünschtes Verhalten zu beenden, können wir uns eines einfachen Ankers bedienen. Für viele Menschen funktioniert ein gedankliches »Stopp!«. Diesen oder einen anderen Anker können wir jederzeit aktivieren, also gedanklich oder laut aussprechen, sobald wir den Auslöser einer ungewollten inneren Strategie wahrnehmen, beispielsweise wenn wir merken, dass wir beginnen uns zu ärgern oder uns vor einer unbequemen Aufgabe drücken wollen.

3. Selbstklärung: »Was will ich?« als magische Frage

Im dritten Schritt geht es um Selbstklärung. Es ist von großer Bedeutung, uns unsere eigenen situativen Ziele bewusst zu machen, denn nur dann können wir auch zielführend handeln. Fragen wie »*Was will ich?*«, »*Was ist mir jetzt wichtig?*«, »*Was ist gerade mein Bedürfnis?*«, »*Was ist mein Ziel?*«, »*Was brauche ich jetzt?*« haben eine magische Wirkung, denn sie helfen uns dabei zu erkennen, was wir in einem bestimmten Moment wollen und brauchen, und bieten uns zudem Orientierung bei der Entwicklung einer zielführenden Strategie.

4. Bewusste Reaktion mithilfe der 5 Prozesse

Auf Basis dieser Selbstklärung kannst du nun die Prozesse des 5-Kompetenzen-Modells bewusst steuern. Mach dir dein Ziel bewusst und frage dich: »*Was kann ich genau jetzt wahrnehmen, denken, fühlen, sagen und / oder tun, um mein Ziel zu erreichen?*« Dann steuere deine 5 inneren Prozesse bewusst auf dein Ziel hin aus.

***

Wachstumsstrategien für innere Freiheit

Strategie 1: Werde zum Beobachtungskünstler
deiner automatischen Programme

Beginne damit, deine inneren Programme achtsam wahrzunehmen und wie ein neutraler Beobachter zu analysieren, ohne etwas daran zu verändern. Reagiere weder mit Freude auf das Positive noch mit Verstimmung auf das Negative. Halte bewusst jede Bewertung deiner Programme zurück. Es geht zunächst nur darum, dir deiner eingeschliffenen Muster bewusst zu werden. Bist du mit ihnen vertraut, kannst du anfangen, sie mithilfe der anderen Strategien bewusst zu verändern.

Strategie 2: Durchbrich das Reiz-Reaktions-Muster

Überlege einmal, in welchen Situationen du immer wieder impulsiv reagierst, zum Beispiel beim Autofahren, bei Kritik oder bestimmten Verhaltensmustern anderer Menschen. Benenne das Gefühl und die Reaktion, die dann typischerweise automatisch entstehen. Vielleicht bist du verärgert und wütend, fühlst dich angegriffen und reagierst mit einer verbalen Attacke.

Überlege dir nun, wie du anders reagieren könntest. Gerätst du in die Situation, erinnere dich daran, dass du bewusst agieren willst, um deine innere Freiheit zu wahren. Wende dann die Freiheitstechnik an, um sie immer mehr zu verinnerlichen. Gelingt es dir nicht sofort, akzeptiere es, ohne dich dafür zu verurteilen – denn Übung macht den Meister.

***

Die 1. Kompetenz der Selbstbestimmung: Präzises Wahrnehmen

»Jeder meint, dass seine Wirklichkeit
die richtige Wirklichkeit ist.«
Hilde Domin

Wir können die Welt nie in ihrer Gänze erfassen

Welche Augenfarbe hatte die letzte fremde Person, mit der du gesprochen hast? Möglicherweise fällt es dir schwer, diese Frage zu beantworten. Das ist völlig normal. Die meisten Dinge unseres Lebens nehmen wir nur oberflächlich oder überhaupt nicht wahr. Wenn wir zum Beispiel einen Baum sehen, springen uns häufig zunächst der Stamm, die Äste und Blätter ins Auge. Sobald wir den Baum genauer betrachten, erkennen wir meistens wesentlich mehr Merkmale als auf den ersten Blick. Möglicherweise fallen uns die Struktur der Borke und die Blattform auf oder der Punkt, an dem der erste Ast entspringt. Wäre der Baum von einem Sturm entwurzelt worden, könnten wir sein Wurzelwerk betrachten. Wenn der Baum gefällt und zu Holzbrettern verarbeitet würde, könnten wir die Späne unter einem Mikroskop untersuchen und dabei feststellen, dass die Fasern aus winzigen Teilchen bestehen. Brächten wir die Fasern zu einem Quantenphysiker, würde dieser uns über noch viel kleinere Teilchen wie Moleküle, Atome und Quarks aufklären, die ebenso Bestandteil des Baumes sind, uns in der Regel jedoch verborgen bleiben.

Wir können den Baum nicht in seiner Ganzheit erkennen, und ebenso wenig lässt sich auch die Realität in ihrer Gänze erfassen.

Wir erhaschen stets nur einen winzigen Ausschnitt davon. Und aufgrund unserer erlernten Wahrnehmungsfilter »sieben« wir die Realität unentwegt zusätzlich. So entgehen uns in jedem Moment unzählige Informationen aus unserer Umwelt, ohne dass wir uns dessen bewusst sind. Das ist für sich genommen kein Problem. Problematisch wird es allerdings, wenn wir glauben, unsere Wahrnehmung sei ein genaues Abbild der Realität.

Unser Bewusstsein nimmt nur ein Millionstel der Realität wahr

Der Physiologe und Schmerzforscher Manfred Zimmermann hat festgestellt, dass allein auf unser Auge pro Sekunde 26 Milliarden Informationseinheiten treffen. Das ist eine unvorstellbare Menge an Daten. Wenn du einmal vom Buch aufschaust und die unterschiedlichen Dinge betrachtest, die dich umgeben, bekommst du einen Eindruck von der immensen Informationsmenge, die jetzt gerade auf deinen Sehsinn einwirkt. Sobald du dich wieder auf das Buch konzentrierst, blendest du einen Großteil davon automatisch aus.

Auch unsere anderen Sinne sind ständig einer riesigen Informationsflut ausgesetzt. Unser Gehirn kann diese enorme Datenmenge nicht erfassen. Unsere unbewusste Wahrnehmungskapazität beträgt nur etwa 11 Millionen Informationseinheiten pro Sekunde. Weitaus eingeschränkter ist unsere bewusste Wahrnehmungskapazität, die lediglich fähig ist, etwa 40 Informationseinheiten pro Sekunde aufzunehmen. Das bedeutet, unser Gehirn kann nur etwa ein Millionstel der unbewusst auf uns einwirkenden Informationen bewusst verarbeiten.

Aufgrund dieses Phänomens sind wir überhaupt in der Lage, effizient auf unsere Umwelt zu reagieren. Würden wir alle Reize, die auf unser Unterbewusstsein einwirken, bewusst wahrnehmen, könnten wir uns im Leben nicht mehr zurechtfinden. Ein Zuviel an Informationen überfordert unser Gehirn und schränkt unsere Denkkapazität ein. Im Ergebnis versagt das Arbeitsgedächtnis, die Gewichtung von Informationen gelingt nicht mehr, Fehleinschätzungen und das Stressniveau steigen.

Filter begrenzen Unsere Wahrnehmung

Um eine Überlastung unseres Gehirns zu verhindern, verfügen wir über innere Wahrnehmungsfilter, die nur einen kleinen Teil der Informationen in unser Bewusstsein lassen. So bleiben wir verarbeitungs- und handlungsfähig und konstruieren gleichzeitig unseren Eindruck von der Realität sowie unser Erleben. Dabei sind folgende Filter aktiv, die unsere Informationsaufnahme und -verarbeitung steuern:

1. Neurologische Filter

Viele physikalisch messbare Phänomene können wir mit unseren Sinnesorganen aufgrund ihrer neurologischen Beschaffenheit nicht wahrnehmen. Unsere Augen können zum Beispiel kein ultraviolettes Licht erkennen, unsere Ohren registrieren weder Ultraschall noch Infraschall, und unser Tastsinn spürt je nach Sensibilität nur bestimmte Reize.

2. Soziale Filter

Soziale Filter sind weitere Grenzen unserer Wahrnehmung, die wir durch unsere Erziehung sowie unsere Kultur erlernt haben. Dazu gehören Sprache, Religion, Meinungsbilder, Klischees, Rituale, Bräuche oder Sozialstrukturen. Deshalb unterscheidet sich unsere Wahrnehmung erheblich von der Wahrnehmung anderer Gesellschaften. Inuit beispielsweise kennen über 20 Arten von Schnee. Diese Unterscheidungen brauchen sie, um sich in ihrer Welt zurechtzufinden. Westeuropäer kennen in der Regel viel weniger Sorten von Schnee, zum Beispiel Matsch- und Pulverschnee. Aber schließlich ist für viele von ihnen lediglich relevant, ob es möglich ist, einen Schneemann zu bauen, oder etwa, ob sie den Kamin anfeuern sollten.

3. Individuelle Filter

Alles, was wir wahrnehmen, filtern wir zusätzlich durch unsere individuellen Erfahrungen, Werte, Glaubenssätze, Annahmen, Erwartungen, Gewohnheiten und Vorlieben. Diese Filter geben uns Orientierung und steuern unsere Bewertungen dessen, was wir wahrnehmen. Sie helfen uns dabei zu unterscheiden, ob etwas für uns gut oder schlecht, richtig oder falsch, schön oder hässlich ist.

Die Landkarte ist nicht das Gebiet

Wenn unser Bewusstsein nur einen geringen Teil der Realität erfassen kann, stellt sich die Frage, welchen Teil wir davon wahrnehmen. Die Antwort lautet: Wir nehmen das wahr, was zu unserem persönlichen Modell der Welt passt. Dieses Modell entsteht in unserem Geist aufgrund mentaler Landkarten, die wir im Laufe unseres Lebens durch unsere individuellen Erfahrungen erstellen und permanent aktualisieren. Diese Landkarten dienen uns dazu, uns in der Welt zurechtzufinden, genauso wie uns physische Landkarten dabei helfen, uns auf fremdem Terrain zu orientieren. Jeder von uns hat eine Vielzahl solcher Landkarten in sich verankert. Wir haben beispielsweise Landkarten für unsere Karriere, unsere Beziehungen, unsere finanzielle Situation und unseren Umgang mit uns selbst und mit anderen. All unser Wahrnehmen, Denken, Fühlen, Sprechen und Handeln orientiert sich an diesen inneren Landkarten. Daher steuern sie unsere gesamten Erfahrungen im Leben.

Auf unseren inneren Landkarten zeichnen wir nur die Dinge ein, die uns interessieren und die uns relevant erscheinen. Wir konstruieren so einen inneren »*Raum*« der Welt in uns, welcher in der äußeren Welt als Orientierung dient. So wird ein Botaniker einen Baum anders betrachten als ein Jäger, Schreiner, Künstler oder Physiker, da jeder von ihnen andere Landkarten in sich angelegt hat und sein Bewusstsein auf andere Erfahrungen ausrichtet. Obwohl wir alle dieselbe Welt bewohnen, leben wir gleichzeitig nur in der Welt, die in uns vorhanden ist. Im Neurolinguistischen Programmieren wird dieser Zusammenhang mit der Grundannahme »*Die Landkarte ist nicht das Gebiet*« beschrieben. Sie verdeutlicht, dass unsere inneren Landkarten nur eine Repräsentation des Gebietes und nicht das Gebiet selbst sind.

Im Ergebnis ist keine Landkarte jemals vollständig. Das ist auch nicht nötig, weil wir mit unserem Modell der Welt gut leben können: Unsere Landkarten sind für uns schlüssig. Idealerweise können wir uns damit in der Welt orientieren und unser Leben nach unseren eigenen Vorstellungen gestalten. Problematisch wird es erst, wenn wir die Landkarte mit dem Gebiet verwechseln und unsere individuelle Realität für die absolute Wahrheit halten, denn dann reagieren wir auf Dinge, die in Wirklichkeit nicht so sind, wie wir sie einschätzen. Durch eine möglichst bewusste Wahrnehmung können wir unsere Landkarten erweitern und das Gebiet immer genauer erfassen.

Die Vorteile einer geschärften Wahrnehmung

Wenn wir unsere bewusste Wahrnehmung fördern, erleben wir immer mehr Aspekte der Realität. So wird unsere Erfahrung reicher, wahrheitsgetreuer, und wir profitieren von diesen drei Effekten:

1. Wir schätzen Situationen besser ein

Wie oft meinen wir, eine Situation korrekt einzuschätzen, nur um im Nachhinein festzustellen, dass wir uns geirrt haben? Mit einer geschärften Wahrnehmung können wir Dinge besser erfassen und beurteilen. So sind wir letztlich in der Lage, zielführender zu reagieren, statt voreilige Schlüsse zu ziehen.

2. Wir finden kreativere Lösungen für unsere Probleme

Menschen, die unkonventionell denken und offen für andere Perspektiven sind, können Alltagsprobleme häufig kreativer und schneller lösen als andere, da sie nicht nur an das Naheliegende, sondern auch außerhalb der sprichwörtlichen Box denken.

3. Unsere Beziehungen verbessern sich

In unserer Kommunikation mit anderen Menschen stellen wir immer wieder fest, dass sich das Modell der Welt unseres Gegenübers von unserem erheblich unterscheidet. In vielen Gesprächen kommt es dann zu einem hitzigen verbalen Wettkampf, wessen Modell der Welt das »richtigere« ist.

Solche »Landkarten-Konflikte« sind häufig die Ursache für Auseinandersetzungen, Verletzungen und Ablehnung. Jeder meint, er wisse es besser; jeder ist überzeugt davon, recht zu haben.

Gleichzeitig glauben wir oft zu wissen, was andere denken. Daher dichten wir ihnen Motive für ihr Verhalten an und interpretieren ihre Worte auf unsere eigene subjektive Weise. Doch dabei legen wir uns aufgrund unserer inneren Landkarten nur eine Wahrheit zurecht, die meist weit von der Wahrheit der anderen entfernt ist.

Wollen wir gute Beziehungen zu anderen pflegen, können wir uns immer wieder bewusst machen, dass wir nie die gesamte Realität wahrnehmen und Meinungsverschiedenheiten hauptsächlich aufgrund von »Landkarten-Konflikten« entstehen. Niemand erlebt die Welt genau so, wie wir sie erleben. Es gibt immer unzählige Perspektiven, aus denen sich etwas betrachten lässt. Somit hat niemand einen Anspruch auf die Alleinherrschaft seiner Meinungen und Ansichten, da jeder Mensch sein eigenes Modell der Welt hat, das ihm richtig und schlüssig erscheint. Mit diesem Bewusstsein fällt es uns nicht nur leichter, offener für andere Ansichten zu werden, sondern auch bei Konflikten nicht mehr impulsiv mit Schuldzuweisungen, Angriff und Abwehrmechanismen zu reagieren. Wir können vielmehr bewusst in einen Dialog mit anderen treten. Auseinandersetzungen lassen sich leichter vermeiden, wir reagieren weniger empfindlich auf Kritik und ärgern uns seltener über andere. Wir ordnen Meinungen und Verhaltensweisen anderer Menschen als Ausdruck ihrer subjektiven Landkarten ein, die nicht per se »richtiger« oder »falscher« sind als unsere eigenen. Wir hören ebenso damit auf, unsere Meinung als absolute Wahrheit zu erachten, denn wir wissen, dass das Denken und Handeln jedes Einzelnen jeweils dem eigenen Modell der Welt entspricht. Aufgrund dieses Bewusstseins verbessern sich unsere Beziehungen auf eine fast magische Art.

* * *

Wachstumsstrategien
für eine bewusste Wahrnehmung

Strategie 1: Erlebe einen Wahrnehmungstag

Mach den morgigen Tag zu einem Wahrnehmungstag. Beginne damit, deine Sinne durchzugehen, während du noch im Bett liegst:

▶ Was hörst du?

▶ Was siehst du?

▶ Was riechst du?

▶ Was schmeckst du?

▶ Was fühlst du mit deinem Tastsinn?

Wiederhole diese Übung im Laufe des Tages in den verschiedensten Situationen: im Auto, im Meeting, im Supermarkt, beim Essen und wenn du im Bett liegst. Mache dir am Abend Notizen zu deinem Wahrnehmungstag. Welche Dinge, die dir normalerweise verborgen geblieben wären, hast du wahrgenommen? Wiederholst du diese Technik häufig, entwickelst du nach und nach eine umfassendere Wahrnehmung der Realität und erweiterst deine inneren Landkarten. Dein Gehirn gewöhnt sich daran, mehr Nuancen der Welt wahrzunehmen, und wird dir neue Handlungsoptionen offenbaren.

Strategie 2: Intensiviere deine visuelle Wahrnehmung

Mach es dir zur Gewohnheit, Menschen genau zu beobachten. Welche Haarfarbe und welche Frisur haben sie? Welche Augenfarbe, welche Nasenform, welchen Hautton? Auf welche Weise laufen sie? Wie sitzen sie? Welche Kleidung, welche Uhr, welchen Schmuck tragen sie? Welche Dinge, auf die du normalerweise nicht achtest, kannst du noch wahrnehmen? Übe dich darin, andere aufmerksam und intensiv zu erfassen, mach dir aber gleichzeitig bewusst, dass Rückschlüsse etwa auf ihr Wesen subjektiv gefärbt sein können, da sie letztlich auf deinen mentalen Landkarten basieren.

Strategie 3: Fördere deinen Hörsinn

Wer kennt es nicht? In Gesprächen hören wir anderen häufig nicht richtig zu, sondern sind innerlich bereits damit beschäftigt, unsere Antworten zu formulieren. So schränken wir unsere Wahrnehmung empfindlich ein. Um dies zu vermeiden, kannst du damit beginnen, anderen genau zuzuhören. Was sagen sie konkret? Welche Worte benutzen sie? Wie klingt ihre Stimme? Wann versprechen sie sich? Wo kommt es zu fehlenden Sinnzusammenhängen und Gedankensprüngen? Welche Rückschlüsse auf das Modell ihrer Welt kannst du daraus ziehen? Mach dir auch hier wieder bewusst, dass du dein Gegenüber jeweils durch deine individuellen Filter wahrnimmst, und vermeide es daher, andere vorschnell zu bewerten.

Strategie 4: Nutze verschiedene Wahrnehmungskanäle

Jeder Mensch nutzt bevorzugt einen bestimmten Wahrnehmungskanal. Um herauszufinden, welches dein Lieblingskanal ist, denke einmal darüber nach, mit welchem Sinn du Informationen am besten aufnimmst. Das kannst du anhand deines Lernverhaltens feststellen: Bleiben Informationen bei dir eher hängen, wenn du sie hörst (auditiver Typ), liest (visueller Typ) oder wenn du dich in etwas hineinfühlen kannst (kinästhetischer Typ)? Natürlich ist kein Mensch auf nur einen Wahrnehmungskanal beschränkt. Wir sind Mischtypen, die lediglich einen bestimmten Kanal bevorzugen.

Hast du deinen Lieblingskanal gefunden, übe dich darin, zwischen den verschiedenen Möglichkeiten zu wechseln. Bist du ein visueller Typ, nimm immer öfter bewusst wahr, was du hörst und spürst. Bist du ein kinästhetischer Typ, konzentriere dich auch auf das, was du siehst und hörst. Bist du ein auditiver Typ, fühle immer wieder in dich hinein und schau bei dem, was du erlebst, buchstäblich genauer hin. So schulst du dich darin, mehr Aspekte der Realität zu erfassen.

Strategie 5: Beobachte wie ein Geheimagent

Wenn du bereits etwas geübt hast, auf zahlreiche Aspekte in deinem jeweiligen Umfeld zu achten, kannst du dich noch stärker auf unterschiedliche Details fokussieren. Was ist besonders an deiner Umgebung und an anderen Menschen? Was ist interessant? Was ist widersprüchlich? Sei einfach im Hier und Jetzt und beobachte alles wie ein Geheimagent, für den jede noch so kleine Information von Bedeutung ist. Du wirst erstaunt sein, welch neue Welt sich dir auf einmal eröffnet.

Strategie 6: Wähle Bedeutung weise

Du hast die Wahl, deiner Wahrnehmung jede mögliche Bedeutung zuzuschreiben und damit einen Automatismus negativer Interpretation zu stoppen, der sich möglicherweise eingestellt hat. Entscheide dich immer häufiger bewusst, welche Bedeutung du Menschen, Situationen und deinen Erlebnissen beimisst.

Strategie 7: Reagiere bewusst statt impulsiv auf deine Wahrnehmung

Viel zu oft reagieren wir im Leben impulsiv. Halte daher immer wieder inne, wenn du eine Information wahrnimmst. Mach dir klar, dass diese Information nur deine selektive Wahrnehmung widerspiegelt. Entscheide bewusst im Raum zwischen Reiz und Reaktion, wie du dich verhalten willst. Wenn du nicht sofort auf innere oder äußere Reize reagierst, wirst du deine Handlungsoptionen und letztlich auch deine Wirksamkeit erhöhen. So gewinnst du die Freiheit, gezielt zu antworten, statt lediglich automatisch zu reagieren.

Strategie 8: Vermeide vorschnelle Schlüsse

Wie oft verwenden wir Sätze wie: *»Das weiß man doch«, »Das ist doch klar«, »Das ist doch offensichtlich.«* Was für uns klar und offensichtlich scheint, ist jedoch nur ein Abbild unserer eigenen inneren Landkarten. Es muss noch lange nicht selbstverständlich für andere sein. Erwarte also von Menschen in deinem Umfeld nicht länger, bestimmte Dinge zu wissen, nur weil sie für dich offensichtlich sind, sondern erkläre ihnen deine Welt und entwickle durch bewusste Wahrnehmung ein Verständnis für die Welt der anderen.

Die 2. Kompetenz: Klares Denken

»Wir sind, was wir denken.
Alles, was wir sind, entsteht aus unseren Gedanken.
Mit unseren Gedanken formen wir die Welt.«
Buddha

Deine Gedanken sind
der Dreh- und Angelpunkt deines Lebens

Wie oft hast du schon darüber nachgedacht, auf welche Weise du denkst? Wenn es dir wie den meisten Menschen geht, vermutlich selten oder sogar noch nie. Das ist völlig normal. Wir grübeln in unserem Alltag nicht darüber nach, wie wir denken. Unsere Gedanken kommen und gehen einfach. Dabei verfügen sie über eine ungeheure Macht. Sie beherrschen uns förmlich, denn sie sind es, die unser Leben maßgeblich beeinflussen.

Pro Tag entstehen und vergehen rund 60 000 Gedanken in unserem Geist. All diese Gedanken steuern unsere Wahrnehmung, unsere Emotionen, unsere Sprache und unser Handeln und werden umgekehrt ebenso von diesen Prozessen sowie unserer Umwelt beeinflusst. In ihrem Entstehungsprozess folgen unsere Gedanken unseren inneren Automatismen, Landkarten und Strategien, die wir im Laufe unseres Lebens entwickelt haben.

Zudem haben sie eine starke Eigendynamik. Hat unser Gehirn beispielsweise gerade »nichts zu tun«, geht es auf mentale Wanderschaft. Jeder, der mit dem Meditieren beginnt oder abends nicht einschlafen kann, kennt dieses Phänomen nur zu gut. Kaum will man zur Ruhe kommen, springt der Geist wie von selbst an. Die Gedanken reihen sich unaufhörlich aneinander und wollen sich einfach nicht stoppen lassen. In der buddhistischen Praxis werden solche Bewusstseinszustände als »Monkey Mind« bezeichnet. Damit ist ein unruhiger Geist gemeint, der wie ein kleines Äffchen von Baum zu Baum – also von einem Gedanken zum nächsten – springt. Dies geschieht durch den immerwährenden Prozess unreflektierten, automatischen Denkens, der eine Art Default-Modus, also quasi eine Voreinstellung, in unserem Gehirn ist. Wie wir in den folgenden Kapiteln sehen werden, können wir unser Leben auf aktive Weise beeinflussen, wenn unsere Gedanken klar, präzise, bewusst, positiv und reflektiert sind. Nebeneffekte eines solchen klaren Denkens sind ein gesteigertes Glücksempfinden, mehr Erfolg, Selbstbewusstsein, Gesundheit und bessere Beziehungen.

Unser Denken kann also unser mächtiger Verbündeter, aber ebenso unser größter Widersacher werden. Der Psychologe William James beschrieb die Macht unserer Gedanken so:

Unsere Gedanken haben eine ungeheure Kraft.
Es ist in unsere Entscheidung gelegt, diese Macht zu unserem
Nutzen oder Schaden einzusetzen. Mit der Kraft der Gedanken
bestimmen wir nicht nur über Gesundheit und Krankheit,
sondern unsere Gedanken sind unser Schicksal.
Das ist eine Gesetzmäßigkeit, der sich keiner entziehen kann;
aber gleichzeitig eine wunderbare Chance.

Aufgrund des unermesslichen Potenzials unserer Gedanken ist es für ein erfolgreiches Leben erstrebenswert, die Fähigkeit zu besitzen, die eigene Denkweise bewusst wahrzunehmen und zu steuern.

Sind wir in der Lage, unsere Gedanken zu verorten, zu sortieren und gezielt auszurichten, können wir das Zepter selbst in die Hand nehmen und unser Leben selbstbestimmt nach unseren eigenen Vorstellungen gestalten. Kontrolle über unsere Gedanken bedeutet Kontrolle über unser Leben. Tauchen wir dazu nun tief in die Welt der Gedanken ein.

Der Hang zum negativen Denken

Zuerst eine weniger erbauliche Nachricht: Unser Gehirn hat einen ausgeprägten Hang zum negativen Denken. Liebend gern beschäftigt es sich mit den kleinen und großen Katastrophen unseres Alltags. Dies ist evolutionär gesehen eine fantastische Eigenschaft, denn das negative Denken verschaffte unseren Vorfahren einen wichtigen Vorteil. Angst, Vorsicht und der Fokus auf Bedrohung und Gefahren haben den Menschen seit Urzeiten dazu befähigt, den Fortbestand der eigenen Art zu sichern. Hätten unsere Vorfahren natürlichen Gefahren, Raubtieren und anderen Aggressoren keine Beachtung geschenkt und aus ihren negativen Erfahrungen mit ihnen nicht gelernt, hätten sie keine Überlebenschance gehabt.

Auch heute noch ist dieser wachsame Bereich des Gehirns Teil unserer Gehirnstruktur. Deshalb haben wir die Tendenz, eher das Negative der Welt wahrzunehmen und nach Möglichkeit zu vermeiden, als das Positive zu erkennen und konstruktiv darauf zu reagieren. Der Gehirnforscher Dr. Rick Hanson beschreibt diesen Zusammenhang folgendermaßen: »*Unser Gehirn ist wie ein Klettverschluss für negative Erfahrungen und Teflon für positive Erfahrungen.*« Negatives bleibt hängen, Positives perlt ab.

Das Ergebnis dieser Prägung ist, dass viele von uns dazu neigen, am Ende eines Tages eher an alle negativen Erlebnisse statt an die positiven Dinge zu denken. Der nervige Kollege bleibt uns stärker im Gedächtnis als etwa ein Kompliment, das wir bekommen haben.

Wir grollen noch dem Autofahrer, der uns geschnitten hat, statt uns beim Abendessen an der Anwesenheit unseres Partners zu erfreuen. Wir denken an all die Dinge, die liegen geblieben sind, statt uns für das auf die Schulter zu klopfen, was wir geschafft haben. Auch Aussagen anderer Menschen interpretieren wir häufig eher negativ als positiv.

Wenn wir unseren Fokus auf solche Erfahrungen richten, erleben wir die Welt wie durch einen negativen Filter. Unsere Wahrnehmung speichern wir auf unseren inneren Landkarten ab, verstärken so den Negativhang unseres Gehirns und sehen unser Leben immer stärker durch eine pessimistische Brille.

Daraus ergibt sich eine interessante Frage: Können wir unserem Gehirn einen Hang zum Positiven vermitteln? Die Hirnforschung bestätigt dies mit einem deutlichen Ja.

Das Gehirn ist unentwegt im Umbau

Wir können der Negativprägung unseres Gehirns entgegenwirken, wenn wir uns dessen unentwegte Neustrukturierung zunutze machen, denn die Neurowissenschaft weiß: Das Gehirn befindet sich bis ins hohe Alter in einem ständigen Umbau. Alles, was wir lernen, sowie unsere gesamten Erfahrungen sorgen dafür, dass sich die neuronalen Verknüpfungen in unserem Gehirn ständig neu organisieren, frische neuronale Verbindungen entstehen und sich sogar neue anatomische Strukturen bilden. Hirnforscher nennen diese Eigenschaft die »Neuroplastizität des Gehirns«.

Neuronen, die zusammen feuern, also durch ausreichend hohe elektrische Impulse aktiviert werden, bilden dabei neue Pfade. Der Neuropsychologe Donald Hebb beschreibt diesen Vorgang so: »*Neuronen, die zusammen feuern, verdrahten sich.*« Durch die Wiederholung bestimmter Aktionen entstehen also neue Verflechtungen. Je öfter unser Gehirn eine Aktion ausführt, desto stärker wird das zugrunde liegende neuronale Netzwerk. Dadurch wird der Prozess jedes Mal effizienter.

Je öfter wir demnach etwas wiederholen, desto besser werden wir darin – egal, ob es sich um etwas Positives oder Negatives handelt. Mit Sicherheit hast du dir viele Dinge angeeignet, die dich nicht weiterbringen. Du kannst dich vielleicht prima sorgen, dir Angst machen, an dir selbst zweifeln oder du schiebst deine Projekte auf, hast dir angewöhnt zu rauchen oder dich ungesund zu ernähren – einfach, weil du diese Dinge schon oft »geübt« hast. Auf das Denken übertragen bedeutet das: Wenn du immer wieder negative Gedanken hast, wirst du richtig gut darin, negativ zu denken. Hast du positive Gedankenmuster, förderst du das positive Denken. Langfristig betrachtet folgt daraus: Je öfter du den Fokus auf positive Erfahrungen legst und damit die entsprechenden Neuronen feuern lässt, desto stärker wird die Positivneigung deines Geistes. Und je öfter du negativen Gedankenmustern folgst, desto stärker förderst du den Negativhang deines Gehirns.

Die Wirksamkeit eines positiven gedanklichen Fokus weist eine Studie des Psychologen Richard Wiseman nach. Er untersuchte, welchen Effekt vier simple Techniken zur Stimmungsverbesserung auf das Wohlbefinden und Glücksempfinden haben. Dazu wurden 26 000 Teilnehmer in fünf Gruppen eingeteilt. Vier Gruppen sollten fünf Tage lang jeweils eine der folgenden Techniken ausführen:

▶ Häufig bewusst lächeln
▶ Zufällige Akte der Freundlichkeit ausführen – das heißt, anderen Menschen bei passenden Gelegenheiten helfen, ihnen freundlich, aufmerksam und unterstützend begegnen
▶ Dankbarkeit für etwas Gutes im Leben empfinden
▶ Über ein glückliches Ereignis des Vortags nachdenken

Die fünfte Gruppe führte eine Kontrolltechnik durch, bei der sie nur an den Vortag dachte.

Alle fünf Gruppen berichteten, dass sie sich während des Experiments fröhlicher fühlten. Die bedeutendste Verbesserung zeigte sich in der Gruppe, die an ein positives Ereignis des Vortags dachte. Die Kontrollgruppe fühlte sich möglicherweise schon allein aufgrund der Tatsache fröhlicher, dass sie an einem Experiment teilnahm und sich dadurch stärker auf positive Aspekte ihres Lebens fokussierte.

Andere Studien weisen nach, dass soziales Engagement, Freundlichkeit und Hilfsbereitschaft uns langfristig zu optimistischeren, gesünderen und glücklicheren Menschen machen.

Wenn wir mehr positive Erfahrungen im Leben machen wollen, können wir demnach aktiv daran arbeiten, die Positivneigung in unserem Gehirn zu stärken. Dies erreichen wir, indem wir aufmerksam nach den guten und schönen Dingen in unserem Leben Ausschau halten, sie bewusst wahrnehmen und in unserem Geist zu einer positiven Erfahrung und Erinnerung werden lassen. Heute standst du nicht im Stau, der Kundentermin war nicht die erwartete Katastrophe und keiner hat dich kritisiert? Wunderbar. Nimm das bewusst wahr und freue dich darüber. Bleib mindestens 30 Sekunden bei deinen guten Gefühlen, denn die Gehirnforschung weist nach: Je länger wir eine Erfahrung in unserem Bewusstsein halten und je stärker sie uns emotional berührt, desto mehr Neuronen feuern und verdrahten sich. Wendest du diese Technik immer wieder an, verstärken sich die positiven Pfade in deinem Gehirn und sorgen dafür, dass die Negativneigung abnimmt. So fällt es dir immer leichter, erfreuliche Aspekte des Lebens zu erkennen und in deinem Gedächtnis zu speichern. Dein Geist wird mehr und mehr zum Klettverschluss für positive Erfahrungen und zu Teflon für negative Ereignisse.

Verabschiede dich von deinem automatischen Geist

Betrachten wir nun eine zweite interessante Erkenntnis über unsere Gedanken: In unserem Kopf herrscht als Voreinstellung der automatische Geist, welcher unsere Wahrnehmungen intuitiv anhand unserer mentalen Landkarten interpretiert und sie unmittelbar in Gefühle, Sprache und Handeln übersetzt. Daher führen bestimmte Auslöser immer wieder zu den gleichen automatischen Gedanken, Emotionen und Reaktionen. Wenn es uns aber gelingt, unsere Gedanken bewusst wahrzunehmen und zu kontrollieren, können wir gezielt auf Impulse und Ereignisse reagieren und das Steuer unseres Lebens selbst in die Hand nehmen, statt uns vom Leben steuern zu lassen.

Um zu veranschaulichen, wie unser automatischer Geist wirkt, der uns häufig förmlich mit negativen Gedanken überfällt, machen wir ein kleines Experiment: Denk einmal an drei Situationen, in denen du dich regelmäßig schlecht fühlst, zum Beispiel, wenn du kritisiert wirst, wenn dich jemand enttäuscht oder dir Fehler unterlaufen. Nun frage dich: »Welche konkreten Gedanken führen dazu, dass ich mich in diesen Momenten schlecht fühle?« Denkst du vielleicht automatisch, dass du ungerecht behandelt wirst, dass jemand rücksichtslos auf deinen Gefühlen herumtrampelt, oder hältst du dich für einen Versager?

Willst du einen solchen Automatismus durchbrechen und auf neue Gedanken kommen, kannst du in jeder Situation, die negative Emotionen in dir auslöst, über die folgenden Fragen nachdenken:

▶ Was ist der genaue Auslöser deiner automatischen Gedanken?
▶ Welche Gedanken löst er aus?
▶ Welche Gefühle entstehen dadurch?
▶ Welche alternativen Gedanken könntest du haben, um dich anders zu fühlen?

Da deine Gedanken auf deiner jeweils aktiven inneren Landkarte und nicht auf der Realität selbst beruhen, steht es dir frei, jederzeit andere Gedanken zu fördern. Auf diese Art durchbrichst du das automatisierte Reiz-Reaktions-Muster und kannst deine Reaktion bewusst wählen.

Lass uns in der folgenden Tabelle einige Beispiele dazu betrachten.

Wohin mit den Gedanken?

Ein weiterer Weg, um automatische Gedankenbahnen zu verlassen und unseren »Monkey Mind« zu stoppen, liegt darin, sich immer wieder bewusst zu machen, worum die eigenen Gedanken gerade kreisen.

Generell heißt denken, unsere Aufmerksamkeit auf etwas zu richten. Und worauf unsere Aufmerksamkeit gerichtet ist, das erleben wir. Da wir uns auf alles fokussieren können, was wir wollen, kann unser Geist unentwegt Zeitreisen machen. Er kann in jedem beliebigen Moment überall sein: in der Vergangenheit, im Hier und Jetzt oder in der Zukunft, im globalgalaktisch Großen oder im mikroskopisch Kleinen, in der Imagination oder im sinnlichen Erleben. Diese mentalen Aufenthaltsorte können sich innerhalb von Sekunden verändern.

Wenn wir lernen zu verorten, wo sich unsere Gedanken gerade befinden, können wir sie bewusst dahin lenken, wo sie hilfreich für uns sind, um uns so zu fühlen, wie wir möchten, und unsere gewünschten Ergebnisse zu erzielen. Betrachten wir einmal, welche »Aufenthaltsorte« unsere Gedanken haben können.

1. Die zeitliche Ebene
Wir können unsere Gedanken auf der Ebene der Zeit auf die Vergangenheit, Zukunft oder Gegenwart richten. Sie können sich beispiels-

Auslöser	Automatische Gedanken	Resultierende Gefühle	Bewusste Gedanken
Der Termin für die Abgabe der Steuererklärung naht.	*»Immer diese blöde Steuererklärung! Ich habe wirklich keine Lust darauf; es ist doch völlige Zeitverschwendung.«*	*Unlust, Frustration, Verdrängung*	*»Die Steuererklärung gehört zum Leben dazu. Wenn ich mich darüber aufrege, wird es nur schwerer. Ich werde sie jetzt erledigen. Und wenn ich es geschafft habe, werde ich mir etwas gönnen.«*
Der Chef bittet kurz vor Feierabend um die Erledigung einer wichtigen Aufgabe – Abgabetermin morgen früh.	*»Mein Chef nervt mich. Immer verlangt er von mir irgendwelche Dinge in letzter Minute.«*	*Frustration, Wut, Gefühl, nicht wertgeschätzt zu werden*	*»Mein Chef traut mir viel zu. Er gibt mir Aufgaben so kurzfristig nicht deshalb, weil er fies ist, sondern weil er selbst so viel zu tun hat und nicht immer daran denkt, andere Bedürfnisse auch noch zu berücksichtigen. Also werde ich die Aufgabe jetzt erledigen und ihn später um ein Gespräch bitten, um solche Situationen künftig zu vermeiden.«*
Jemand sagt etwas, das uns verletzt.	*»So was Gemeines! Was bildet der sich ein? Warum trampelt er auf meinen Gefühlen herum?«*	*Trauer, Wut, Ablehnung*	*»Ich bin für meine Gefühle selbst verantwortlich und kann frei wählen, wie ich reagiere. Ich vergebe der Person, denn sie handelt im Rahmen ihres Weltbildes und ihrer Möglichkeiten. Auch wenn ich ihr Verhalten nicht gutheiße, kann ich es akzeptieren.«*
Etwas geht schief.	*»Warum musste das passieren? Ich hätte es besser wissen müssen. Ich bin so dumm.«*	*Wut, Ablehnung*	*»Was passiert ist, ist passiert. Ich kann es nicht ändern. Was kann ich in Zukunft besser machen, damit ich andere Ergebnisse erziele?«*

Beispiele für bewusste Gedankensteuerung

weise in unserer Kindheit, der Jugend oder beim vergangenen Tag befinden. Genauso können sie sich mit zukünftigen Ereignissen beschäftigen. Bei Problemen können wir unsere Aufmerksamkeit auf Ursachen in der Vergangenheit oder auf Lösungsmöglichkeiten in der Zukunft richten. Sorgen wir uns gerade, richten wir unsere Gedanken auf die Zukunft und malen uns häufig fantasiereich einen negativen Ausgang aus. Eine weitere Möglichkeit ist, gedanklich einfach in der Gegenwart zu sein, zum Beispiel, wenn wir uns auf unsere aktuelle Aufgabe konzentrieren oder jemandem aufmerksam zuhören.

2. Die Ebene des Realitätsbezugs

Die Welt der Fantasie ist die Brücke zwischen Vergangenheit, Gegenwart und Zukunft. Unsere Fantasie ermöglicht es uns, in die Zukunft zu blicken und uns an die Vergangenheit zu erinnern. Dem gegenüber steht unsere Sinneswahrnehmung im jeweils gegenwärtigen Augenblick. Viele Menschen haben ihre Gedanken die meiste Zeit in der Welt der Fantasie. Sie erinnern sich an die Vergangenheit oder stellen sich die Zukunft vor und beeinflussen damit ihre Gefühle im Hier und Jetzt. Wenn wir uns beispielsweise an eine unfaire Situation in der Vergangenheit erinnern, fühlen wir Ärger – und zwar im Hier und Jetzt. Wenn wir uns eine negative Zukunft ausmalen, sorgen wir uns – im Hier und Jetzt. So wird unsere aktuelle Gefühlslage von der Vergangenheit oder Zukunft negativ beeinflusst und wir verlieren den Kontakt zur Realität.

3. Die Ebene der Perspektive

Wir können uns mit unseren Gedanken im kleinsten Detail, in einer Metaperspektive oder in einem Bereich dazwischen befinden. Wir haben die Möglichkeit, wahlweise aus jeder Situation herauszuzoomen oder ganz dicht an ihre Details heranzuzoomen. Wenn wir

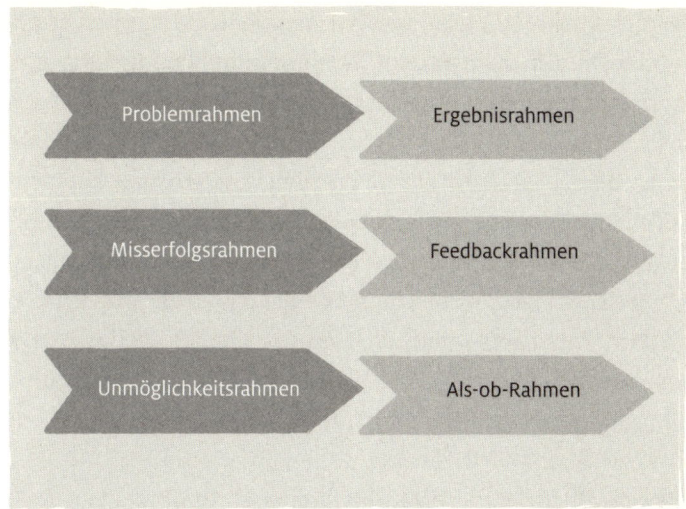

Verschiedene Gedankenrahmen

zum Beispiel von einem Erlebnis berichten, können wir es kurz auf den Punkt bringen oder langatmig ausschweifen. Wenn wir über ein Problem nachdenken, verlieren wir uns möglicherweise in den Details oder wir betrachten das Problem aus einer gewissen Distanz heraus.

4. Die Ebene des Rahmens

Genauso wie ein Bilderrahmen ein Bild umschließt, rahmen unsere Gedanken unsere Erfahrungen ein. Dieser Rahmen bestimmt, welche Emotionen und welches Verhalten aus unseren Gedanken resultieren. Dies sind drei typische mentale Rahmen, die wir um unser Erleben legen können:

1. Problemrahmen versus Ergebnisrahmen

Wir können uns mit unserem Denken im Problemrahmen oder im

Ergebnisrahmen befinden. Der Problemrahmen fokussiert sich auf das Problem, also auf Ursachen, Symptome und Begründungen, warum das, was wir wollen, nicht funktioniert. Unser Fokus liegt auf dem, was falsch und ungewollt ist, anstatt auf dem, was gewünscht und gewollt ist. Das kann unsere Kreativität und Lösungskompetenz stark einschränken. Wenn wir uns im Ergebnisrahmen befinden, legen wir unseren Fokus auf das gewünschte Ergebnis und darauf, wie wir unser Ziel erreichen können. Hier fragen wir uns: »Was will ich? Wie kann ich es erreichen? Was brauche ich dafür?« Wir formulieren Problemaussagen in Zielaussagen um und fokussieren uns auf Möglichkeiten statt auf Beschränkungen.

2. Misserfolgsrahmen versus Feedbackrahmen
Wenn wir uns im Misserfolgsrahmen befinden, nehmen wir Scheitern und Fehler als negativ wahr, also als Zustände, die es zu vermeiden gilt. Im Feedbackrahmen erleben wir Scheitern und Fehler als Feedback und können daraus Hinweise für eine nötige Kurskorrektur ableiten.

3. Unmöglichkeitsrahmen versus Als-ob-Rahmen
Wenn wir uns im Unmöglichkeitsrahmen befinden, hegen wir in der Regel einschränkende Gedanken über unsere Fähigkeiten und Möglichkeiten. Diese Gedanken blockieren unsere Sicht auf positive Handlungsoptionen. Der Als-ob-Rahmen hingegen stellt die Frage: »*Was wäre, wenn …?*« In diesem Rahmen sind wir in der Lage, uns gedanklich vom vermeintlich Unmöglichen zu befreien, verschiedene Möglichkeiten durchzuspielen und entschlossen zu handeln.

Bestimme den Aufenthaltsort deiner Gedanken

Betrachten wir nun anhand einiger Beispiele, wie die unterschiedlichen Aufenthaltsorte unserer Gedanken zusammenhängen und unser Erleben situativ beeinflussen.

Nehmen wir an, du kommst ausgelaugt und gestresst nach einem anstrengenden Tag nach Hause. Dein zur Negativität neigendes Gehirn hat all die misslichen Dinge des Tages feinsäuberlich abgespeichert und katalogisiert. Schließlich sitzt du mit deinem Partner am Tisch und berichtest von all den negativen Erfahrungen, die du den ganzen Tag über gemacht hast. Wo befinden sich in diesem Moment deine Gedanken?

▶ Du bist gerade gedanklich in der Vergangenheit (Zeitebene Vergangenheit),
▶ erinnerst dich an negative Aspekte (Imagination, Problemrahmen / Misserfolgsrahmen) und
▶ befindest dich bei den Details der jeweiligen Situation (Detailebene).

Wie könntest du deine Gedanken anders ausrichten, um dich unmittelbar besser zu fühlen und den Abend mit deinem Partner zu genießen? Diese Denkalternativen stehen dir zur Verfügung:

▶ Du könntest deine Gedanken auf das Hier und Jetzt richten und mit allen Sinnen das erfahren, was gerade da ist, wie das Gesicht deines Partners, die Speisen auf dem Tisch und dein Atem (Zeitebene Hier und Jetzt, Sinneswahrnehmung).
▶ Du könntest dich bewusst an die schönen Aspekte des Tages erinnern (Zeitebene Vergangenheit, Imagination).
▶ Durch diese Gedanken werden unmittelbar angenehme Gefühle wie Freude und Stolz in dir ausgelöst (Zeitebene Hier und Jetzt, Ergebnisrahmen).

- Du könntest die Metaperspektive einnehmen und dir bewusst machen, dass all die kleinen Ärgernisse des Tages immer nur die Bedeutung für dein Leben haben, die du ihnen zuschreibst (Metaperspektivebene, Feedbackrahmen).

Betrachten wir ein weiteres Beispiel. Wenn du vor einer wichtigen Prüfung stehst und extrem aufgeregt bist, haben deine Gedanken möglicherweise diese Aufenthaltsorte:

- Du befindest dich geistig in der Zukunft und stellst dir einen negativen Ausgang der Situation vor (Zeitebene Zukunft, Imagination, Unmöglichkeitsrahmen).
- In deiner Fantasie malst du dir die schlimmsten Szenarien aus. Gedanken wie diese beherrschen dich: »Ich schaffe das nie. Ich werde einen Blackout haben. Ich werde die Prüfung verhauen und meinen Abschluss nicht bekommen« (Zeitebene Zukunft, Imagination, Problemrahmen).

Sind diese Gedanken hilfreich? Wohl kaum, da sie dich unter Druck setzen und Angst in dir auslösen. Für eine solche Situation gibt es andere, wesentlich günstigere Gedanken und mentale Aufenthaltsorte:

- Du könntest deine Gedanken auf den Abend nach der Prüfung lenken und dir vorstellen, wie du dir etwas Besonderes gönnen oder feiern wirst (Zeitebene Zukunft, Imagination, Als-ob-Rahmen).
- Du kannst dir vorstellen, wie du präsent und wach in der Prüfung sitzt und mit klaren Gedanken die Aufgaben löst (Zeitebene Zukunft, Imagination, Ergebnisrahmen).
- Du könntest dich voll auf den aktuellen Moment konzentrieren und dir sagen: «Ich habe alles Nötige getan und bin sehr gut vorbereitet. Es wird schon gut ausgehen.» (Zeitebene Hier und Jetzt, Als-ob-Rahmen).

Wie diese zwei Beispiele zeigen, können wir in jeder Situation durch die bewusste Wahl des Aufenthaltsortes unserer Gedanken unser Wohlbefinden und unsere Wirksamkeit stärken. Statt dich von deinem automatischen Geist steuern zu lassen, kannst du dich darin üben zu beobachten, wo deine Gedanken gerade sind, und auf diese Weise damit beginnen, sie gezielt zu lenken. Diese Leitfragen unterstützen dich dabei:

▶ Sind meine Gedanken gerade in der Vergangenheit, Gegenwart oder Zukunft?
▶ Bin ich gerade in der Fantasiewelt oder erlebe ich das Hier und Jetzt mit all meinen Sinnen?
▶ Befinden sich meine Gedanken gerade bei den Details oder in der Metaperspektive?
▶ Welchen Rahmen lege ich gerade um mein Erleben?
▶ Was wäre genau jetzt ein hilfreicher Aufenthaltsort für meine Gedanken?

So schärfst du deine Wahrnehmung für deine Gedanken und kannst sie bewusst in die Richtung steuern, die nutzenstiftend für dich ist.

Typische Gedankenfallen – und wie du ihnen entkommst

Wir befinden uns gedanklich nicht nur häufig an hinderlichen Aufenthaltsorten, sondern tappen auch immer wieder in typische Gedankenfallen, durch die wir uns selbst im Weg stehen. Diese Fallen bringen uns auf eine falsche mentale Fährte. Ist ein Gedanke erst einmal vorhanden, so löst er eine Kette neuer Vorstellungen aus. Ein Gedanke bedingt den nächsten und dieser wiederum den nächsten. Der Prozess setzt sich immer weiter fort. Wenn wir unpräzise und unklar beginnen, ziehen wir falsche Schlüsse, und unser Denken besteht aus einer Reihe von Folgefehlern – der perfekte Nährboden für geistige Blockaden. Dieser Effekt lässt sich aber vermeiden. Werfen wir dazu einen Blick auf die neun häufigsten Gedankenfallen sowie auf alternative, hilfreiche Denkmuster, die wir entwickeln können.

1. Entweder-oder-Denken

Beim »Entweder-oder-Denken« kennt deine Welt nur zwei Ausprägungen: schwarz oder weiß. Etwas ist entweder perfekt oder eine Katastrophe. Entweder du liebst es oder du hasst es. Entweder du bist an allem schuld oder du hast nichts mit der Sache zu tun. Deine Welt ist immer extrem, absolut und polarisierend. Ein Dazwischen gibt es nicht. So sehen mögliche Gedanken aus, wenn du in diese Falle tappst: »*Wenn ich diesmal keine tolle Leistung bringe, bin ich ein Versager.*«, »*Weil der mich so ansieht, mag er mich nicht.*«, »*Wenn ich heute nicht meinen Traumpartner finde, werde ich ihn nie finden.*«

Lösung: Sowohl-als-auch-Denken

Ein »Sowohl-als-auch« ist die Alternative zum polarisierenden »Entweder-oder-Denken«. Du solltest dir immer wieder bewusst machen: Die Welt ist weder schwarz noch weiß. Es gibt unzählige Graustufen. Bist du wirklich ein Versager, weil etwas nicht geklappt hat, oder ist irren menschlich? Könnte dein Gegenüber einfach einen schlechten Tag haben und deshalb so grimmig dreinblicken? Könnte dir dein Traumpartner nicht zufällig irgendwann über den Weg laufen, auch wenn er bisher noch nicht da ist? Um der Gedankenfalle des »Entweder-oder-Denkens« zu entkommen, kannst du dich jederzeit fragen: »*Was könnte außer den beiden Extremen noch möglich sein? Wie kann ich inklusiv statt exklusiv denken?*« So wirst du eine reichere Erfahrung machen und die Welt und ihre Möglichkeiten umfassender wahrnehmen.

2. »Katastrophisieren«: Negativ fantasieren

»Katastrophisieren« heißt, von einem negativen Erlebnis auf eine katastrophale Entwicklung zu schließen. Deinem fantasiereichen Geist fallen immer Gründe ein, warum das, was du willst, nicht funktionieren wird, warum alles schiefgehen kann und deine ganz persönliche Reaktorkatastrophe kurz bevorsteht. Du erinnerst dich an die natürliche Negativneigung deines Gehirns, die weiter oben erläutert wird? Deshalb malst du dir die schlimmsten Resultate einer Situation aus. Andere, wahrscheinlichere Folgen oder sogar positive Entwicklungen der Situation blendest du völlig aus.

Eine typische Gedankenfolge beim Katastrophisieren könnte so aussehen:

Du wartest darauf, dass dein Partner nach Hause kommt. Als er zur gewohnten Zeit noch nicht da ist, beginnst du dir Sorgen zu machen: »*Ist ihm etwas passiert? Hatte er einen Unfall? Oder hat er vielleicht sogar eine Affäre? Na klar, das wird es sein!*« Wenige Minuten später malst du dir bereits aus, wie sich dein Partner genau in diesem Augenblick mit seiner Affäre im Bett räkelt. In dir steigen Zweifel und Wut auf und du blähst die nahende Katastrophe immer mehr auf. Zehn Minuten später reichst du gedanklich die Scheidung ein. Wenn dein Partner dann eine halbe Stunde später mit einem Blumenstrauß in der Hand fröhlich zur Tür hereinkommt, fragst du ihn sofort misstrauisch, wo er denn bitte schön gewesen ist. Dein Partner weiß gar nicht, wie ihm geschieht, denn er hat nichts Verwerfliches getan. Der Abend ist gelaufen, obwohl es dafür, abgesehen von deinen negativen Gedanken, keinen realen Grund gibt.

Lösung: Wenn schon fantasieren, dann positiv

In Katastrophen denken hat lediglich einen Nutzen: dir den Tag zu verderben. Du bist kein Hellseher oder Wahrsager. Du kannst nicht in die Zukunft blicken. Wenn du einmal auf deine Vergangenheit zurückschaust, wie oft hast du mit negativer »Wahrsagerei« wirklich recht gehabt? Wie häufig sind deine negativen Fantasien wirklich eingetreten?

Wenn du schon die Zukunft vorhersagen willst, probiere es mit zuversichtlichen Gedanken. Stelle dir einen positiven Ausgang vor. Prüfe die Fakten. Suche aktiv nach alternativen Denkansätzen. Wenn dein Partner später nach Hause kommt, ist die einzige Möglichkeit dann wirklich, dass er eine Affäre hat? Wenn dir etwas Peinliches passiert ist, hast du dann tatsächlich bei allen Anwesenden für immer dein Gesicht verloren? Deutet bei einer wirtschaftlichen Flaute wirklich alles darauf hin, dass du dein Geschäft bald schließen musst? Du kannst nie genau wissen, wie sich die Zukunft entwickeln wird. Lass dir von deinen Gedanken keinen Bären aufbinden. Keiner kann vorhersagen, ob es in der Zukunft zu einem Unhappy End kommt, denn ein Happy End ist genauso wahrscheinlich.

3. Etikettieren: In Schubladen denken

Wir lieben es, Situationen, andere Menschen und uns selbst mit Etiketten zu versehen. Wir haben für alles und jeden ein Label. Daher sehen wir die Welt aus einer eingeschränkten Perspektive: »*Er ist ein Lügner.*«, »*Mein Chef ist schrecklich.*«, »*Die Kassiererin ist viel zu langsam.*«, »*Das Finanzamt nervt.*«, »*Politiker lügen.*«, »*Die Welt ist schlecht.*«, »*Das Leben ist schwer.*«

Solche Pauschalurteile verhindern, dass wir die Welt, andere Menschen und uns selbst mit zahlreichen Facetten wahrnehmen. Unsere Label beschränken unsere Sicht auf weniger offensichtliche Aspekte und lassen bestimmte Erfahrungen gar nicht erst zu. Veränderungen und Verbesserungen werden nahezu unmöglich, denn wir haben ja bereits alles fein säuberlich in unsere Schubladen gepackt.

Lösung: Schubladen zulassen, Label entfernen

Die Welt ist komplex. Das Leben ist wesentlich vielschichtiger, als wir es wahrnehmen. Alles und jeder kann sich jederzeit ändern. Entfernen wir also die Etiketten von Dingen, Menschen und uns selbst, denn sie schränken unsere Sicht auf die Dinge ein. Ist das Leben wirklich immer schwer – oder gibt es Unterschiede, wie zum Beispiel schöne Tage und anstrengende Tage? Sind wir tatsächlich Versager oder haben wir nur noch keinen Weg gefunden, unser Ziel zu erreichen? Ist der Chef wirklich so schrecklich oder ist er einfach nur ein gestresster Vater, der versucht, sein Leben mit all den Verpflichtungen bestmöglich zu organisieren? Die Etiketten unserer Welt existieren nur in unseren Köpfen. Auf die Welt, wie sie wirklich ist, treffen sie nicht zu.

4. Übergeneralisieren: Einen Teil mit dem Ganzen verwechseln

Gehören Worte wie »nie«, »immer«, »ständig«, »alle«, »jeder« oder »keiner« zu deinem gewohnten Wortschatz? Schließt du gerne aus dem, was passiert, bedeutungsschwere, globale Schlüsse? Dann bist du mittendrin in der Falle der Übergeneralisierung. Einen Teil der Sache hältst du immer gleich für das große Ganze. Wenn du dir beim Aufstehen das Knie stößt, wird es garantiert ein schwarzer Tag. Wenn dir jemand auf dem Weg zur Arbeit zu dicht auffährt, sind alle Autofahrer »Vollidioten«. Die selbsterfüllende Prophezeiung ist im Anmarsch, wenn du übergeneralisierst, denn schließlich willst du dir ja selbst beweisen, dass du recht hast.

Lösung: Alles sorgsam voneinander trennen

Bevor du globalgalaktische Schlüsse ziehst: Sei präzise und zurückhaltend in der Bewertung von Dingen, Menschen und Situationen. Nur weil du dich mit deinem Partner gestritten hast, ist nicht gleich eure Ehe in Gefahr. Nur weil ein Tag nicht gut begonnen hat, heißt das nicht, dass er nicht gut enden kann. Nur weil du einmal einen Fehler gemacht hast, bist du noch lange kein Versager. Verwechsele nicht einen Teil mit dem großen Ganzen. Generalisierte Schlussfolgerungen stimmen selten mit der Wirklichkeit überein.

5. Emotional denken: Gefühle mit Fakten verwechseln

Auf unser Bauchgefühl zu hören, ist eine kluge Entscheidung. Doch manchmal lenken uns unsere Gefühle in die falsche Richtung. Wenn ein Satz mit »*Ich habe das Gefühl …*« anfängt, kann er Ausdruck unserer Intuition sein oder uns in die Gedankenfalle »*Emotionales Denken*« tappen lassen. In diesem Fall erachten wir unsere Gefühle als Beweis für die Richtigkeit unserer Gedanken. Wir denken: »*Wenn ich das so stark fühle, muss es wahr sein.*« Jede andere Möglichkeit und jeden Gegenbeweis blenden wir aus.

Wenn du beispielsweise eine Rede halten sollst und ein mulmiges Gefühl vor oder während der Rede wahrnimmst, deutest du das als Beleg, dass du einfach kein guter Redner bist. Dein unsicheres Gefühl bei einer Gehaltsverhandlung ist für dich der unumstößliche Beweis, dass dein Chef dir nicht wohlgesinnt ist. Und deine Angst vor einer Prüfung weist deiner Meinung nach eindeutig darauf hin, dass du nicht gut genug vorbereitet bist. Weitere Beispiele für *Emotionales Denken* können so aussehen: »*Wenn ich mich nach einem Gespräch mit meinem Partner schlecht fühle, muss er mich verärgert haben.*«, »*Wenn ich eifersüchtig bin, heißt das, mein Partner hat eine Affäre.*«, »*Wenn ich mich nach dem Sport ausgelaugt fühle, heißt das, Sport tut mir nicht gut.*« Da unsere Gefühle durch unsere Gedanken ausgelöst werden, sind unsere Emotionen in Bezug auf die Wahrheit schlechte Berater. Deshalb ist es wichtig, die den Gefühlen zugrunde liegenden, unbewussten Gedanken zu erkennen, damit wir Gefühle nicht länger mit Fakten verwechseln.

Lösung: Gefühle nicht überbewerten und Gedanken bewusst wahrnehmen

Du kannst dieser Gedankenfalle entkommen, wenn du damit beginnst, deine Gedanken genau zu beobachten, da diese, wie gesagt, der Auslöser deiner Gefühle sind.

Achte darauf, was gedanklich bei dir passiert, wenn du von einem Gefühl auf eine Sachlage schließt und deine Emotionen als Beweis für Fakten interpretierst. Nur weil du dich im aktuellen Moment schlecht fühlst, hat das nicht unbedingt etwas damit zu tun, was gewesen ist oder kommen wird. Deine Gefühle sind kein objektiver Maßstab für die Realität und beweisen für sich genommen noch nichts. Deine Gedanken bewerten deine Erlebnisse negativ oder positiv und lösen folglich positive oder negative Empfindungen aus. Suche also nach Fakten und Beweisen. Welche anderen Aspekte kannst du in Betracht ziehen, um zu einem objektiveren Ergebnis zu gelangen?

6. Personalisieren: Im Zentrum des Universums stehen

Wenn du in die Gedankenfalle »*Personalisierung*« tappst, beziehst du Ereignisse und Reaktionen anderer immer auf dich. Egal was passiert, es hat scheinbar immer mit dir zu tun. Wenn sich jemand merkwürdig verhält, muss das an dir liegen. Wenn dein Team nicht den gewünschten Erfolg erzielt, ist es deine Schuld. Wenn die Welt über dir zusammenbricht, hast du das verursacht. Auf die Idee, dass es auch andere Gründe für all das geben kann, kommst du nicht. Schließlich bist du das Zentrum der Welt – zumindest in deiner Vorstellung.

Lösung: Aus dem Zentrum des Universums heraustreten

Es mag vielleicht enttäuschend sein, doch wir sind nicht das Zentrum der Welt. Vieles ist nicht kontrollierbar, und oftmals haben die

Dinge einfach nichts mit uns zu tun. Ziehe also immer auch andere Ursachen für Situationen, Entwicklungen und Verhaltensweisen anderer Menschen in Erwägung. Frage dich, was – abgesehen von dir selbst – noch dazu geführt haben könnte. Wenn du einen Blick für alternative Faktoren entwickelst, lässt dich das aus dem Zentrum des Universums heraustreten und ruhiger und entspannter leben.

7. Positives abwerten und Negatives aufblasen

In dieser Gedankenfalle wertest du positive Ereignisse ab und bläst negative Erlebnisse auf. Läuft die Gehaltsverhandlung gut, hast du lediglich Glück gehabt oder warst eben »dran«. Läuft sie schlecht, bist du kein guter Mitarbeiter und verdienst die Gehaltserhöhung auch nicht. Lobt dich jemand, will dieser Mensch einfach nur nett sein. Kritisiert er dich, siehst du es als Beweis deiner Unzulänglichkeit. Diese Art des Denkens lässt sich in der Regel auf ein geringes Selbstwertgefühl zurückführen. Wer sich selbst nicht als wertvoll erachtet, kann auch nicht objektiv bewerten, inwieweit die eigene Leistung zu positiven oder negativen Ergebnissen führt. »Ich bin ganz klein und die Welt ist übermächtig« ist der Leitsatz in dieser Gedankenfalle.

Lösung: Die Ereignisse ins rechte Licht rücken

Wenn du das nächste Mal eine negative oder positive Erfahrung machst, beleuchte objektiv, welchen Anteil du zur Entwicklung der Situation beigetragen hast. Bei einer negativen Entwicklung stelle dir die Frage: »Welchen Anteil habe ich wirklich zu verantworten?« Ist die Entwicklung positiv, frage dich: »Welchen Beitrag habe ich dazu geleistet? Welche meiner Stärken und Fähigkeiten haben dazu geführt, dass sich die Sache so entwickelt hat? Was habe ich dabei bewirkt?« So lernst du nach und nach, die Dinge ins rechte Licht zu rücken, und stärkst gleichzeitig dein Selbstwertgefühl.

8. Gedankenlesen: Im Kopf des anderen leben

Viele Menschen glauben, sie könnten Gedanken lesen. Sie meinen, genau zu wissen, was andere über sie denken. Und das ist natürlich selten etwas Positives. Vorstellungen wie die folgenden herrschen in solchen Fällen vor: *»Wenn jemand gähnt, ist er von meinen Erzählungen gelangweilt.«*, *»Wenn jemand nicht grüßt, mag er mich nicht.«*, *»Wenn jemand nicht zurückruft, ist er sauer.«* Alternative Erklärungen für das Verhalten anderer werden dabei völlig ausgeblendet.

Lösung: Erkennen, dass du keine Gedanken lesen kannst

Hast du wirklich handfeste Beweise dafür, dass dich deine Wahrnehmung nicht trügt? Oder könnte das Verhalten anderer auch Gründe haben, die du nicht kennst? Wenn du glaubst zu wissen, was andere denken, ist das nichts weiter als eine Fantasie. Du kannst schlicht und ergreifend keine Gedanken lesen. Deine Fantasien sind meistens nur Projektionen, die du unbewusst auf andere überträgst. Wenn du das nächste Mal glaubst zu wissen, was jemand denkt, frage dich einfach: *»Projiziere ich gerade mein Denken auf den anderen?«* Und dann frage die Person: *»Was genau meinst du damit?«* Diese Frage ist die sicherste Bank, um herauszufinden, was andere wirklich denken.

9. Kategorische Regeln: Befehle an dein Verhalten

Regeln weisen uns im Leben den Weg. Gekennzeichnet werden viele Regeln durch Imperative wie: *»Ich muss ...«*, *»Ich soll ...«*, *»Ich darf ...«*, *»Ich darf nicht ...«*, *»Man kann doch nicht einfach ...«*, *»Das gehört sich nicht ...«* Durch solche Sätze und Überzeugungen entwickeln wir klare Erwartungen an uns und unser soziales Umfeld. Gleichzeitig schränken sie unsere Sicht auf die Welt ein, weil sie uns und anderen Verhaltensfesseln anlegen und aus unseren Überzeugungen kategorische Regeln machen. Werden unsere Erwartungen nicht erfüllt, sind wir enttäuscht, gekränkt und verletzt.

Lösung: Eigene Regeln aufstellen

Die meisten unserer Lebensregeln haben wir unbewusst von anderen Menschen übernommen und nie hinterfragt. Deshalb sollten wir immer wieder prüfen, ob uns diese Regeln nützen oder ob sie uns behindern. Frage dich dazu einmal: »Was ist für mich unumstößlich? Was bleibt für mich immer erhalten, auch wenn die Welt aus den Fugen gerät?« Besinne dich auf diese Regeln und überprüfe regelmäßig, ob es wirklich deine eigenen sind und ob sie dir nützen. Dieser Realitätsabgleich macht dich frei von Forderungen und Vorschriften, die nicht zu dir und deinem Leben gehören oder passen.

Glaubenssätze sind die Leitplanken unserer Gedanken

Eine weitere Schlüsselkomponente des klaren Denkens liegt darin, die Entstehung und Wirkungsweise von Glaubenssätzen zu verstehen. Glaubenssätze sind tief verankerte Überzeugungen in Bezug auf uns selbst und die Welt. Daher sind sie wie ein innerer Kompass und spielen eine wichtige Rolle dabei, was wir für wahr, richtig und möglich halten, wie wir über uns und die Welt denken, was uns wichtig ist, was uns antreibt, wie wir unser Umfeld und unsere Erlebnisse bewerten und weshalb wir bestimmte Dinge tun und andere nicht.

Unser Denken und unsere Wahrnehmung werden stark von unseren Glaubenssätzen geprägt, da diese Teil unserer mentalen Landkarten sind, anhand derer wir uns orientieren, wie wir im Kapitel über unsere Wahrnehmung erfahren haben. Glaubenssätze beschreiben somit nicht die Realität als solche, sondern nur eine mögliche Wahrnehmung der Realität. Sie sind Ausdruck unseres Modells der Welt und zeigen auch die Grenzen unserer Welt auf. Viele unserer Glaubenssätze sind offensichtlich, weil wir sie häufig laut aussprechen und uns ihrer bewusst sind. Andere sind wesentlich subtiler, wirken in unserem Unterbewusstsein und steuern unser Verhalten wie auf Autopilot.

In unserer Vergangenheit haben wir unzählige Glaubenssätze entworfen und in uns verankert. So haben wir in unserem Geist eine riesige Bibliothek an Überzeugungen erschaffen, die wir je nach Situation unbewusst aktivieren. Einige von diesen Überzeugungen stärken uns, andere schwächen und limitieren uns. Stärkende Glaubenssätze sind wie eine Genehmigung, uns auf eine bestimmte Art zu verhalten. Sie verleihen uns Freiheit und ermöglichen uns den Zugriff auf unsere inneren Ressourcen. Schwächende oder limitierende Glaubenssätze sind dagegen wie Verbote und Beschränkungen. Sie hindern uns in unserer persönlichen Entfaltung. Daher haben Glaubenssätze einen großen Einfluss auf unser Leben, oft ohne dass wir uns dessen bewusst sind.

Lass uns nun einige Beispiele für schwächende und stärkende Glaubenssätze betrachten. Schon beim Lesen kannst du darauf achten, welche Überzeugungen dir vertraut und welche dir eher fremd sind.

Da unsere Glaubenssätze so mächtig sind und unsere Selbstsabotagemuster aufrechterhalten, lohnt sich ein umfassender Blick in die Welt dieser inneren Konzepte, denn genau hier liegt einer der wirksamsten Schlüssel, um uns von unseren hinderlichen Denkmustern zu befreien.

Schwächender Glaubenssatz	Stärkender Glaubenssatz
Im Alter krank zu werden ist normal.	Ich kann bis ins hohe Alter fit und gesund sein.
Ich bin zu dick.	Ich fühle mich wohl in meinem Körper.
Sport ist Mord.	Sport hält mich leistungsfähig und gesund.
Mit mir stimmt etwas nicht.	Ich genüge mit all meinen Vorzügen und Defiziten. Ich bin okay, so wie ich bin.
Ich bin nicht liebenswert.	Ich bin ein liebenswerter und wertvoller Mensch.
Ich komme immer zu kurz.	Es ist genug für alle da.
Ich kann mich nicht gut durchsetzen.	Ich kann lernen, für meine Ansichten und Überzeugungen einzustehen.
Erst die Arbeit, dann das Vergnügen.	Arbeit darf Spaß machen und sich leicht anfühlen.
Für Erfolg muss man hart arbeiten.	Erfolg kann einfach sein.
Ich kann mir das nicht leisten.	Ich gönne mir nach Möglichkeit, was ich mir wünsche.
Andere sind besser als ich.	Ich bin mit mir zufrieden.
Erfolg steht mir nicht zu.	Erfolg ist ein fester Bestandteil meines Lebens.
Niemand liebt mich.	Es gibt Menschen in meinem Leben, die mich lieben und die ich liebe.
Beziehungen sind harte Arbeit.	Meine Beziehung bereichert mich.
Wenn ich Gefühle zeige, bin ich schwach.	Ich darf meine Gefühle zeigen. Das ist ein Ausdruck von wahrer Stärke.
Im Leben bekommt man nichts geschenkt.	Das Glück ist auf meiner Seite.
Ich kann mich nicht verändern.	Ich kann mich immer verändern.
Ich habe immer Pech.	Ich habe häufig Glück.

Schwächende und stärkende Glaubenssätze

Wie kommen Glaubenssätze in unseren Kopf?

Unsere Überzeugungen und Glaubenssysteme sind nicht angeboren. Wir haben sie uns im Laufe unseres bisherigen Lebens angeeignet, etwa aufgrund von Dingen, die wir von Bezugspersonen gelernt haben, sowie durch Nachahmung und wiederholte Erfahrungen. Viele unserer limitierenden Glaubenssätze entstammen beschränkenden Aussagen, die wir von unseren Eltern, Erziehern, Lehrern, Einflusspersonen und den Medien in frühen Prägungsphasen gehört haben. Häufig können wir unsere Überzeugungen sogar bestimmten Personen oder Situationen genau zuordnen. Weil wir als Kinder und Jugendliche meist noch nicht in der Lage waren, uns für oder gegen auf uns einprasselnde Überzeugungen zu entscheiden, haben wir viele davon verinnerlicht, ohne sie jemals zu hinterfragen. Heute sind sie uns oft nicht mehr dienlich, und doch bleiben wir ihnen verhaftet, solange wir uns unserer Glaubenssätze nicht bewusst sind und sie nicht aktualisieren.

Vom Denker und Beweisführer:
Die Selbstverstärkung von Glaubenssätzen

Wir können unsere Glaubenssätze immer verändern und weiterentwickeln. Das tun wir ohnehin ständig. Auch du hast in deinem Leben unbewusst bereits Abertausende von Glaubenssätzen verworfen, ohne es zu merken. Durch neue Erfahrungen hast du alte Überzeugungen überschrieben. Überlege dir einmal, wie sehr dein Leben sich verändern könnte, wenn du diesen Prozess bewusst steuerst und gezielt Überzeugungen entwickelst, die dir nützlich sind. Dafür gilt es eine weitere mentale Hürde zu überwinden, die durch eine automatische Selbstverstärkung von Glaubenssätzen entsteht.

Da unser Organismus auf Konsistenz ausgelegt ist, handeln wir immer widerspruchsfrei im Sinne unserer Glaubenssysteme. Wir wollen diese unbedingt aufrechterhalten und verallgemeinern, löschen und verzerren daher unentwegt eingehende Informationen. Täten wir dies nicht, würden wir andauernd an den Grundfesten unserer Überzeugungen rütteln und müssten ständig unser Weltbild neu justieren. Da unser Geist diesem Prozess der Veränderung nicht immerfort ausgesetzt sein will, sucht er kontinuierlich nach Beweisen und Referenzerlebnissen, die sein Modell der Welt und die zugrunde liegenden Glaubenssätze bestätigen.

Diesen Zusammenhang veranschaulicht ein Modell des Atemtherapeuten Dr. Leonard Orr. Demnach können wir uns vorstellen, dass in einer Hälfte des Gehirns der Denker und in der anderen der Beweisführer wohnt. Der Denker ist dazu in der Lage, die komplexesten Zusammenhänge zu erdenken. Der Beweisführer hat die Aufgabe, das Gedachte zu beweisen. Wenn wir also in einem Teil unseres Gehirns etwas Bestimmtes ersinnen, wird der andere Teil nach Beweisen suchen, die das belegen. Wenn wir von etwas überzeugt sind, wird sich der ewig suchende Beweisführer darauf ausrichten, diesen Glauben zu bestätigen. Anders gesagt wird unser Unterbewusstsein immer versuchen, Wege zu finden, uns zu bestätigen, dass wir mit unseren Überzeugungen richtigliegen – egal ob etwas faktisch stimmt oder nicht. Der eifersüchtige Ehemann wird Beweise für das verdächtige Verhalten seiner Frau finden. Der cholerische Chef wird »gute Gründe« finden, warum er wieder einmal aus der Haut fahren »muss«. Die besorgte Mutter wird Belege finden, warum die Welt für ihre Kinder ein gefährlicher Ort ist. So liefern wir uns selbst unentwegt Begründungen dafür, dass unsere Sicht der Dinge »die richtige« ist.

Je mehr Beweise der Beweisführer findet, desto überzeugter sind wir von einem Gedanken. Wenn du zum Beispiel denkst »*Ich bin nicht gut genug*« oder »*Ich verdiene keinen Erfolg*«, entspricht das lediglich folgenden Gedankenmustern: »*Es gibt in meinem Leben viele Beweise dafür, dass dieser Glaubenssatz stimmt. Ich kann mich an sehr viele Situationen erinnern, in denen es so gewesen ist. Also glaube ich es. Es ist eine unumstößliche Wahrheit. Und weil es schon immer so war, wird es auch in Zukunft so sein. Amen.*« So steckst du mittendrin im selbstverstärkenden Prozess, der deine Überzeugungen aufrechterhält. Wenn du etwas stark genug glaubst, dann werden diese Gedanken zu deiner absoluten Wahrheit, und du wirst dich so lange weiter sabotieren, bis du limitierende Glaubenssätze entkräftet hast.

Mit Reframing limitierende Glaubenssätze entkräften

Du kannst jederzeit neue Glaubenssätze entwickeln, indem du deine bestehenden Glaubenssysteme herausforderst. Versuche kontinuierlich, deine Ideen, Ansichten und Meinungen zu hinterfragen, statt sie immer wieder nur zu bestätigen. Brich deine eigenen Denkregeln, statt ihnen unbewusst zu folgen. Eine hilfreiche Technik dafür ist das »*Reframing*«, zu Deutsch »Neuarrangieren«, »Umdeuten« oder »Einen neuen Rahmen um etwas legen«. Nach Robert Dilts, einem späteren Mitentwickler des Neurolinguistischen Programmierens, lassen sich Glaubenssätze durch das Neuarrangieren zugrunde liegender Zusammenhänge verändern. Dilts nennt diese Neurahmung »*Sleight-of-Mouth*«, dem englischen Begriff für Taschenspielertrick (= »*sleight of hand*«) entlehnt, »Mundspielertrick«.

Betrachten wir die »*Sleight-of-Mouth*«-Techniken und Beispiele ihrer Anwendung in der folgenden Tabelle.

Typ des Reframings	Anwendung	Limitierender Glaubenssatz	Umdeutung
Absicht	Finde die Absicht und deute sie um.	*»Ich bin zu alt.«*	*»Es ist gut, mich vor Gefahren zu schützen. Doch möglicherweise sind meine Vorhaben gar keine Gefahr für mich, sondern werden mein Leben bereichern.«*
Umdefinieren	Definiere die Bedeutung der Worte um.	*»Es ist schwer, Glaubenssätze zu verändern.«*	*»Es ist nicht immer leicht, etwas loszulassen, was schon lange ein Teil von mir ist. Doch das bedeutet nicht, dass es unmöglich ist.«*
Konsequenz	Zeige auf, was passiert, wenn du den Glaubenssatz beibehältst.	*»Ich kann das nicht.«*	*»Wenn ich mir einrede, Dinge nicht zu können, wird mein Beweisführer mir das auch beweisen. So werde ich nie herausfinden, was ich wirklich kann.«*
Rahmengröße	Verändere die Größe des Rahmens, von dem aus du auf das Problem blickst.	*»Niemand liebt mich.«*	*»Ist es wirklich wahr, dass es keinen einzigen Menschen gibt, der mich liebt?«*
Modell der Welt	Betrachte die Welt aus einer größeren Perspektive.	*»Ich kann mich nicht verändern.«*	*»Viele Menschen erkennen nicht, dass die Grenzen ihrer Welt durch ihre Überzeugungen bestimmt werden.«*

Sleight-of-Mouth-Techniken (nach Robert Dilts)

Immer wenn du merkst, dass dich einer deiner Glaubenssätze gerade einschränkt, kannst du eine oder sogar mehrere der *Sleight-of-Mouth*-Techniken anwenden, um ihn umzudeuten und neue Gedanken zu entwickeln. Allerdings ist es nicht immer leicht, Glau-

Typ des Reframings	Anwendung	Limitierender Glaubenssatz	Umdeutung
Analogie	Finde eine Analogie, welche die Verallgemeinerung in Frage stellt.	»Ich bin gescheitert.«	»Wenn Thomas Edison seinen Selbstwert an die Anzahl seiner Fehlschläge geknüpft hätte, wäre die Welt buchstäblich ein ziemlich düsterer Ort.«
Konkretisieren	Gehe eine oder mehrere Hierarchiestufen nach unten.	»Wenn ich zu teuer bin, kommen keine Kunden.«	»Gibt es wirklich keine einzige Person auf dieser Welt, die sich meine Angebote leisten kann?«
Verallgemeinern	Gehe eine oder mehrere Hierarchiestufen nach oben.	»Ich werde versagen.«	»Wenn ich es nicht versuche, habe ich schon versagt.«
Anderes Ergebnis	Stelle dem Glaubenssatz ein anderes Ergebnis gegenüber.	»Ich finde keinen besseren Job.«	»Wenn ich in dem Job verharre, der mich unglücklich macht, werde ich nie herausfinden, welcher Job mich glücklich gemacht hätte.«
Gegenbeispiel	Nenne eine Ausnahme von der Regel, welche die Verallgemeinerung aushebelt.	»Ich habe keine Zeit.«	»Jeder Mensch hat genau 24 Stunden am Tag. Wie wir diese Zeit verbringen, entscheiden wir selbst.«

benssätzen auf die Schliche zu kommen. Doch mit Übung, Aufmerksamkeit und präzisem Denken wirst du immer besser darin und kannst deine limitierenden Überzeugungen Schritt für Schritt aktualisieren. In den folgenden Wachstumsstrategien findest du Impulse dazu.

***

Wachstumsstrategien für klares Denken

Strategie 1: Fördere bewusste statt automatische Gedanken

Immer wenn du merkst, dass du gerade impulsiv und automatisch mit negativen Gedanken reagierst, versuche, den Auslöser und die Gedanken wahrzunehmen. Wenn du dich beispielsweise angegriffen fühlst, mach dir bewusst, dass deine automatischen Gedanken möglicherweise so aussehen: »*Ich bin wütend auf diese Person! Was erlaubt dieser Mensch sich?*« Wähle anschließend gezielt einen oder mehrere neue Gedanken.

Strategie 2: Hebele die Negativneigung deines Gehirns aus

Einen geistigen Hang zum Negativen kannst du schwächen, sobald du damit aufhörst, dir die negativen Erlebnisse deines Lebens vor Augen zu führen. Fokussiere dich auf all die guten Dinge deines Lebens. Rede mehr über das, was erfreulich und aufbauend ist, statt über das, was schlecht ist. Um deinen Geist auf »positiv« zu schalten, kannst du auch die vier Techniken aus der Studie von Richard Wiseman anwenden:

▶ Lächele täglich.

▶ Verhalte dich anderen Menschen gegenüber freundlich und hilfsbereit.

▶ Empfinde Dankbarkeit für etwas Gutes in deinem Leben.

▶ Denke über ein glückliches Ereignis des Vortags nach.

Strategie 3: Prüfe, wo deine Gedanken sind

Die Fähigkeit, jederzeit bewusst wahrzunehmen, wo sich deine Gedanken gerade befinden, und sie bewusst zu lenken, ist eine Schlüsselkompetenz, um dein Leben selbstbestimmt zu gestalten. Mach es dir zur Gewohnheit, regelmäßig zu überprüfen, wo genau du gerade mit deinen Gedanken bist. Das kannst du in jedem Augenblick praktizieren: beim Nachdenken, beim Autofahren, beim Sprechen, unter der Dusche und an jedem anderen Ort. Bist du in diesem Moment gedanklich in der Vergangenheit, der Gegenwart oder der Zukunft? Richtest du deine Aufmerksamkeit auf Details oder betrachtest du die Dinge aus einer gewissen Distanz? Fokussierst du dich auf die Lösung oder auf das Problem? Welche Aspekte der Realität nimmst du bewusst wahr? Welche Art von Gedanken hast du ganz konkret? Bereiten sie dir gute oder negative Gefühle? Konzentriere dich auch in Gesprächen zunehmend darauf, wo deine Gesprächspartner gedanklich sind. Wenn du diese Kunst beherrschst, kannst du damit deinen eigenen Geist sowie die Gedanken anderer gezielter lenken.

Strategie 4: Entkomme den Gedankenfallen

Mach dir klar, dass du jederzeit in Gedankenfallen tappen kannst. Gerade negative Emotionen sind oft ein guter Indikator dafür. Wenn du dich das nächste Mal schlecht fühlst, überlege, ob du gerade in eine dieser mentalen Fallen getappt bist:

	Gedankenfalle	Lösung
1	Entweder-oder-Denken	Sowohl-als-auch-Denken
2	Katastrophisieren: Wahrsagen und fantasieren	Positiv fantasieren
3	Etikettierung: In Schubladen denken	Schubladen zulassen, Label entfernen
4	Übergeneralisierung: Einen Teil mit dem Ganzen verwechseln	Alles sorgfältig voneinander trennen
5	Emotional denken: Gefühle mit Fakten verwechseln	Gefühle nicht überbewerten und Gedanken bewusst wahrnehmen
6	Personalisierung: Im Zentrum des Universums stehen	Aus dem Zentrum des Universums heraustreten
7	Positives abwerten und Negatives aufblasen	Die Ereignisse ins rechte Licht rücken
8	Gedankenlesen: Im Kopf des anderen leben	Erkennen, dass du keine Gedanken lesen kannst
9	Kategorische Regeln: Befehle an dein Verhalten	Eigene Regeln aufstellen

Strategie 5: Die Hitparade
der negativen Glaubenssätze nutzen

Deine Glaubenssätze sind der Kompass deines Lebens. Um dir deiner limitierenden Glaubenssätze bewusst zu werden, kannst du eine Art »Hitparade« erstellen. So funktioniert die Strategie:

1. Denke an all deine Lebensbereiche wie Familie, Beziehungen, Gesundheit, Sport, Lebensstil, Beruf, Erfolg, Finanzen. Welche Bereiche gefallen dir nicht und woran liegt das?

2. Schreibe zu jedem Bereich all deine negativen Gedanken, Sorgen, Befürchtungen, Ängste sowie alte Verletzungen und schlechte Gefühle auf ein Blatt Papier. Sei hemmungslos ausschweifend, halte alles fest, was dir in den Sinn kommt. Jetzt ist die Zeit, um alles rauszulassen. Denke dazu für jeden Lebensbereich über diese Fragen nach:

   ▶ Welche Überzeugungen haben mich bisher daran gehindert, meine Ziele zu verwirklichen?

   ▶ Welche Gedanken schwächen mich?

   ▶ Welche Verletzungen habe ich schon davongetragen und welche Glaubenssätze habe ich daraus entwickelt?

   ▶ Welche Glaubenssätze habe ich von meiner Familie oder aufgrund anderer Einflüsse in Bezug auf diesen Lebensbereich übernommen?

   ▶ Welche Sätze wirken negativ auf mein Selbstwertgefühl?

   ▶ Welche Gedanken schaden mir?

   ▶ Was ist für mich wahr in Bezug auf diesen Lebensbereich?

   ▶ Welche Muster zeige ich und was führt dazu, dass ich diese Muster nicht loslasse?

Alles, was du notierst, ist Ausdruck der inneren Landkarten, die du in Bezug auf den jeweiligen Lebensbereich entwickelt hast. Mit dieser Liste kannst du arbeiten, um deine negativen Glaubenssätze in positive umzuwandeln.

Strategie 6: Ersetze limitierende Glaubenssätze mit positiven Affirmationen

Affirmationen sind ein probates Mittel, um unsere Glaubenssätze neu zu strukturieren. Affirmationen sind Selbstsuggestionen mit positiver Absicht. Sie beeinflussen unsere Gedanken allein dadurch positiv und nachhaltig, dass wir sie immer wieder aussprechen. Auf diese Weise können wir unsere limitierenden Annahmen nach und nach durch bestärkende Überzeugungen ersetzen. Beispiele für Affirmationen sind:

▶ »Ich erkenne meine Stärken und Schwächen an.«

▶ »Ich genüge.«

▶ »Ich übernehme die Verantwortung für mein eigenes Glück.«

▶ »Ich tue, was richtig, nicht, was einfach ist.«

▶ »Ich gebe mein Bestes.«

Dies ist nur eine kleine Auswahl bestärkender Affirmationen. Idealerweise erstellst du deine eigene Liste. Dann sprichst du deine Affirmationen am besten morgens und abends im Bett aus, denn in diesen Momenten ist das Bewusstsein am durchlässigsten, und die positiven Selbstsuggestionen können auf das Unterbewusstsein einwirken. Auch über den Tag hinweg und immer wenn du einschränkende Glaubenssätze erkennst, kannst du deine Affirmationen laut aussprechen, im Geiste wiederholen oder auch aufschreiben.

Anfangs wird sich diese Technik möglicherweise noch ungewohnt anfühlen. Doch je öfter du sie praktizierst, desto stärker werden deine Affirmationen dich überzeugen, denn dein Beweisführer wird sich auf die Suche nach Beweisen für die Richtigkeit der Affirmationen machen. Nach und nach gehen diese dir in Fleisch und Blut über und überschreiben alte, limitierende Glaubenssätze.

Die 3. Kompetenz:
Authentisches Fühlen

»Nichts ist launischer und veränderlicher als Gefühle.«
Antonio Machado y Ruiz

Emotionen als Gefahr?

Für viele Menschen sind die eigenen Gefühle ein undurchsichtiges Terrain. Emotionen werden eher kontrolliert als gezeigt. Menschen, die emotional reagieren, gelten häufig als schwach und sensibel. Rationales Handeln ist gesellschaftsfähig, Gefühle sollten dagegen besser »weggeschlossen« werden. So spielen wir uns gegenseitig ständig Gelassenheit und Gleichmut vor, um zu zeigen, dass wir über den Dingen stehen, keine Angst und schon gar keine Probleme haben. Dabei können Scheingelassenheit und vorgespielte Affektlosigkeit uns seelisch belasten und krankmachende Folgen haben. Denn was passiert mit Emotionen, die nicht gezeigt werden? Sie verschwinden nicht, sondern wirken sich auf Körper, Geist und Seele aus. Körperlich zeigen sich verdrängte Emotionen beispielsweise in Form von Muskelverspannungen, Kopfschmerz, Verdauungsproblemen oder Kreislaufstörungen. Psychisch leiden wir unter innerer Unruhe, Schlaflosigkeit, Energielosigkeit, leichter Reizbarkeit, Konzentrationsstörungen oder Minderwertigkeitsgefühlen. Saunagänge, Massagen, Alkohol oder Psychopharmaka sind dann oft Mittel der Wahl, damit wir uns schnell besser fühlen – doch ihre Wirkung ist nicht nachhaltig. Also wenden wir uns an Fachleute, die uns mit Diagnosen und Rezepten helfen sollen. Hier finden wir jedoch häufig auch keine Heilung. Sie können oft nicht mehr für uns tun, als das sprichwörtliche Pflaster auf unsere Wunden zu kleben.

Eine gesündere Alternative zum Erhalt der körperlich-seelischen Gesundheit ist ein bewusstes Vorbeugen durch das Anerkennen und Ausleben unserer Gefühlsregungen. Vor allem für Menschen, die sich in der Welt der Gedanken und der Logik wohler – das heißt sicherer – fühlen, bringt solch ein Vorgehen beträchtliche Vorteile. Doch leider wird derartiges Verhalten gesellschaftlich in der Regel nicht geschätzt. Emotional sein wird fast wie eine Krankheit bewertet. So errichten wir lieber einen Gefühlspanzer um uns herum, damit wir als funktionierende Menschen wahrgenommen werden.

Der Ausweg aus unserer krankmachenden Gefühlspanzerung besteht darin, uns nach innen zu wenden und unsere Gefühle authentisch zu erforschen, denn nur in unserem Inneren liegt die Kraft, mit der wir unsere emotionale Ordnung wiederherstellen und aufrechterhalten können. Wer sich mit seiner inneren Quelle verbindet, gesundet, lässt emotionale Verletzungen hinter sich und entwickelt eine neue Lebendigkeit.

Die Basisemotionen und ihre Funktion

Wenn wir beginnen, uns mit unseren Gefühlen vertraut zu machen, können wir sie besser verstehen, verarbeiten und loslassen, ohne dass sie einen negativen Effekt auf unsere seelische und körperliche Gesundheit haben. Doch weil unsere Gefühle unterschiedlichste Ausprägungen und Färbungen aufweisen sowie in mannigfaltigen Kombinationen auftreten, erscheinen sie uns oft wie ein undurchdringbares Mysterium, das wir weder kontrollieren noch verstehen können. Hier hilft uns ein Blick in die Forschung.

Die Emotionspsychologie untersucht, wie Emotionen entstehen, wie sie klassifiziert werden können und wie sie unser Verhalten beeinflussen. Sie nennt bestimmte Basisemotionen, die unseren Gefühlsregungen und Stimmungen zugrunde liegen. Über die Anzahl der Basisemotionen herrscht Uneinigkeit. Für unsere Zwecke können wir uns auf fünf Basisemotionen konzentrieren:

▶ Angst
▶ Wut
▶ Trauer
▶ Ekel
▶ Freude

Jede dieser Basisemotionen hat eine klare Funktion und bewirkt natürliche Verhaltensweisen, mithilfe derer die gefühlsauslösende Situation verarbeitet werden soll. Wenn wir unsere aktuelle Stimmung mit den Basisemotionen abgleichen, erlangen wir ein klareres Bild und einen besseren Zugang zu unseren Gefühlen. So können wir lernen, unsere momentane Stimmung zuzuordnen und durch aktives Erleben loszulassen. Gleichzeitig ist es wichtig, anzuerkennen, dass keine der Basisemotionen für sich genommen negativ ist. Jedes Gefühl gibt dem, was wir erleben, Bedeutung und hat seine Daseinsberechtigung, auch wenn wir es als unangenehm wahrnehmen.

Bringen wir nun mehr Klarheit in unsere Gefühlswelt und betrachten die Basisemotionen genauer.

1. Basisemotion Angst: »Es wird schrecklich.«

Angst spielt in unserem Leben eine besondere Rolle. Sie war in der Entwicklung der Menschheit eine der wichtigsten Emotionen, um das Überleben zu sichern. Auch heute ist Angst einer der stärksten Katalysatoren für unser Verhalten. Grundsätzlich ist sie nützlich, denn sie hat den Zweck, uns vor Gefahren zu schützen. Sind allerdings unsere Denk- und Verhaltensmuster ständig angstmotiviert, stehen wir uns damit selbst im Weg. Wir bleiben innerhalb unserer Komfortzone, unterlassen Dinge, die uns wichtig sind, und hindern uns so an der lebendigen Entfaltung unserer Persönlichkeit. Im Kapitel über Angst im zweiten Teil des Buches werden wir uns diesen Zusammenhängen ausgiebig widmen.

2. Basisemotion Wut: »Es ist falsch.«

Wut ist ein wichtiges Signal dafür, dass unsere Werte und Grenzen verletzt werden – entweder von anderen oder auch von uns selbst. Obwohl Wut uns wichtige Informationen liefert, wird sie uns schon in jüngsten Jahren aberzogen. Wir sollen immer schön ruhig, lieb und brav sein. So wird die Ordnung der Gesellschaft aufrechterhalten: Keiner muckt auf, alle halten sich an die Regeln, die Welt ist in Ordnung. So werden wir emotional und in unserer Handlungsfähigkeit beschnitten, denn Wut versorgt uns mit wichtiger Handlungsenergie. Setzen wir diese starke Kraft auf eine bewusste, konstruktive Weise ein, kann sie schnelle Veränderung auslösen. Dabei sollten wir zwischen dem, was wir verändern können, und dem, was wir nicht verändern können, unterscheiden lernen. Richten wir unsere Handlungsenergie auf die Dinge, die wir verändern können, lässt sich unsere Wut in Kombination mit lösungsorientierten Strategien in positive Aktion verwandeln. Auf Dinge, die wir nicht ändern können, sollten wir eher mit Akzeptanz reagieren.

3. Basisemotion Trauer: »Es ist vorbei.«

Trauer bedeutet, dass uns ein Ereignis bestürzt, betroffen macht oder enttäuscht. Die Funktion von Trauer ist, dass wir mit etwas abschließen. Doch konstruktiv mit vergangenen Geschehnissen umzugehen fällt uns schwer. Häufig reagieren wir auf die Aufforderung des Lebens, schwierige oder schmerzliche Erlebnisse zu überwinden, mit Wut, Aggression, Ablehnung oder Hass. Diese Emotionen können in einer frühen Phase der Trauer ihre Berechtigung haben, allerdings ist es wichtig, nicht auf Dauer daran festzuhalten. Wenn wir wieder zu unserer Lebendigkeit und Lebensfreude kommen wollen, sollten wir die Trauer bewusst zulassen und belastende Ereignisse auf diese Weise verarbeiten. Hilfreiche Reaktionen auf leidvolle Geschehnisse, wie etwa eine Trennung und ein Verlust, sind beispielsweise, zu weinen, Trost zu suchen und andere um Hilfe zu bitten.

4. Basisemotion Ekel: »Es ist sittenlos.«

In erster Linie ist Ekel ein Überlebensinstinkt, der uns vor dem Kontakt mit Krankheitserregern schützen soll. Ein Gefühl starker Abneigung kann aber auch durch ein Verhalten hervorgerufen werden, das wir als taktlos, unmoralisch oder anrüchig bewerten. Welches Verhalten als verwerflich eingestuft wird, ist dabei von Kultur zu Kultur unterschiedlich. Verspüren wir eine so starke Abneigung, dass wir regelrecht angewidert sind, wollen wir der Sache oder dem Menschen, die diese intensive Ablehnung bei uns auslösen, sofort den Rücken kehren. Diese Reaktion ist ganz natürlich und sollte respektiert werden. Gerade der Abstand ist wichtig, denn erst aus einer entfernten Position können wir rational auf die ekelauslösende Situation blicken und konstruktiv darauf reagieren.

5. Basisemotion Freude: »Es ist richtig.«

Unter den Basisemotionen ist die Freude für viele der Star in der Manege. Freude wollen wir am häufigsten begrüßen, wir bejubeln sie und klatschen ihr Beifall, wenn sie erscheint. Wenn sie von der Bühne des Lebens verschwindet, trauern wir ihr nach und wollen sie so schnell wie möglich wiedersehen. Weil uns dieses Gefühl so

viel gibt, streben wir oft nach Dingen, die uns schnell Freude bringen, unmittelbar unsere Bedürfnisse befriedigen und uns von negativen Emotionen ablenken.

Wie wir jedoch bereits erörtert haben, spielt jedes vorhandene
Gefühl eine wertvolle Rolle für unsere seelische Gesundheit. Daher
sollten wir alle Basisemotionen zulassen, anstatt sie zu unterdrücken. So entkoppeln wir uns nicht von unserer Ganzheit und können unser Herz weit öffnen. Und nur so ist es uns möglich, tiefe und
authentische Freude am Leben zu empfinden.

Emotionen bewusst steuern

Wir haben einen wesentlich höheren Einfluss auf unsere Emotionen, als wir uns oftmals bewusst sind. Der größte Hebel, der uns dafür zur Verfügung steht, sind unsere Gedanken. Mit ihnen können
wir unsere Gefühle aktiv steuern. Machen wir dazu ein kleines Experiment:

▶ Stell dich aufrecht hin. Strecke deine Brust heraus und zieh die
  Schultern nach hinten. Atme ein paarmal entspannt ein und aus.
▶ Denke jetzt das Wort »glücklich«. Fokussiere dich auf das Wort
  und blende jeden anderen Gedanken aus. Atme bewusst ein und
  aus, während du »glücklich« denkst.
▶ Sprich nun »glücklich« in deinem Geist aus. Wenn du möchtest,
  flüstere das Wort »glücklich« oder sprich es laut aus. Bleib min-
  destens 30 Sekunden bei diesen Gedanken und dem Gefühl des
  Glücklichseins.
▶ Denke anschließend an eine Situation, in der du glücklich warst.
  Versetze dich zurück in diese Situation. Wo bist du? Wer ist dabei?
  Was siehst du? Was hörst du? Was nimmst du insgesamt wahr?
  Woran erinnerst du dich?

▸ Spüre dich intensiv in die Situation und das Gefühl hinein. Spüre auch deinen Körper. Was empfindest du? Wie fühlst du dich?

Hast du es ausprobiert? Wunderbar. Dann lass uns nun den zweiten Teil des Experimentes machen:

▸ Schüttle deinen Körper einmal richtig aus.

▸ Stell dich jetzt mit gesenktem Kopf hin. Beuge deinen Rücken und deine Schultern nach vorne. Deine Arme lässt du schlaff seitlich herabhängen.

▸ Denke jetzt das Wort »traurig«. Blende alle anderen Gedanken aus. Behalte deinen Fokus auf dem Wort »traurig«.

▸ Sprich das Wort nun in deinem Geist aus. Dann flüstere »traurig« oder sprich den Begriff laut aus.

▸ Denke anschließend an eine Situation, in der du traurig warst. Lass die Situation in deinem Geiste neu aufleben.

▸ Spüre in deinen Körper hinein. Was nimmst du wahr? Was empfindest du? Wie fühlst du dich?

Mit ziemlicher Wahrscheinlichkeit fühlst du dich jetzt nicht gerade wohl, und der erste Teil des Experimentes hat dir bessere Gefühle bereitet. Dann lass uns noch einmal zu einem neuen Wort wechseln:

▸ Schüttle deinen Körper erneut aus.

▸ Stell dich aufrecht hin. Strecke deine Brust heraus und zieh die Schultern nach hinten. Atme entspannt ein und aus.

▸ Denke jetzt das Wort »frei«. Fokussiere dich nur auf das Wort »frei« und blende alles andere aus.

▸ Sprich nun »frei« in deinem Geist aus. Flüstere das Wort »frei« oder sag es laut. Bleib mindestens 30 Sekunden bei diesen Gedanken und Gefühlen.

▸ Denke jetzt an eine Situation, in der du dich frei gefühlt hast.

Wo bist du, wer ist bei dir, was siehst und hörst du, was nimmst du wahr, woran erinnerst du dich? Spüre in die Situation und das Gefühl hinein.

▶ Spüre nun wieder in deinen Körper hinein. Was nimmst du wahr? Wie fühlst du dich?

Wie dieses einfache Experiment zeigt, kannst du deine Gefühle jederzeit selbstständig hervorrufen, ohne dass sich irgendetwas im Außen ändern muss. Du kannst dafür lediglich deine Körperhaltung und deine Gedanken verändern. Dementsprechend bist du in der Lage, immer bewusst Einfluss auf deine Gefühle zu nehmen und selbst zur Quelle deiner Emotionen zu werden. Selbstverständlich sollte kein Gefühl verdrängt werden, da jede Emotion ihre Berechtigung hat. Doch mit geeigneten Techniken lässt sich deine Gefühlslage aktiv steuern.

Emotionen bewusst gestalten

Damit du konkrete Strategien zur Steuerung deiner Gefühle entwickeln kannst, lass uns zunächst betrachten, wie Emotionen in uns entstehen. Einen einfachen Erklärungsansatz bietet das »ABC-Modell« des amerikanischen Psychologen Albert Ellis. Demnach ist die Entstehung von Gefühlen eine Kettenreaktion der Elemente »A«, »B« und »C«. »A« steht für »Activating Event«, das heißt, für einen auslösenden internen oder externen Reiz. »B« steht für »Beliefs«, also für ein Bewertungsmuster, Überzeugungen, Einstellungen oder Lebensregeln. Und »C« steht für »Consequences«, also für eine emotionale Reaktion und Verhaltensweise. Kurz gesagt: Wir nehmen einen Reiz wahr, bewerten ihn und reagieren daraufhin mit einer Emotion. Gefühle entstehen folglich, genauso wie unsere Wahrnehmung, auf der Basis einer eingehenden Information und einer individuellen Bewertung aufgrund unserer inneren Landkarten.

Übertragen wir dieses Konzept nun auf Beispiele des täglichen Lebens, um die Wirkungsweise zu veranschaulichen:

▸ Wenn jemand panische Angst vor Krankheiten hat, dann wird er (A) jede kleinste Veränderung an seinem Körper wahrnehmen, (B) die Veränderung so bewerten, dass er mit großer Wahrscheinlichkeit krank ist, und (C) mit Panik reagieren.

▸ Wenn jemand nie zufrieden mit seiner Leistung ist, wird er (A) das Erreichen eines gewünschten Ergebnisses (B) so bewerten, als könne das noch nicht alles sein, und (C) mit Unzufriedenheit reagieren.

▸ Wenn ein Mensch mit geringem Selbstwertgefühl (A) kritisiert wird, wird er (B) seine Überzeugung, wertlos zu sein, als bestätigt empfinden und sich (C) wertlos fühlen.

Mithilfe eines weiterentwickelten Modells von Ellis lässt sich unsere Gefühlslage bewusst steuern. Das erweiterte »ABCDE-Modell« umfasst zusätzlich die Elemente »D« und »E«. D steht für »Disputation«, das Infragestellen der Bewertung, und E für »Effect«, eine mentale Umstrukturierung der Bewertung. Wenn wir die Elemente D und E integrieren, kommt unsere Fähigkeit zur bewussten Wahl unserer Wahrnehmungen, Überzeugungen und Reaktionen zum Tragen.

Bei den obigen Beispielen können die Ergänzungen D und E die durch das Erlebnis hervorgerufenen negativen Emotionen folgendermaßen in positive Gefühle umwandeln:

▸ Der Hypochonder nimmt (A) eine Veränderung an seinem Körper wahr. Statt die Veränderung (B) als sicheres Krankheitsanzeichen zu bewerten und (C) mit Panik zu reagieren, kann er nun (D) infrage stellen, ob wirklich jede Veränderung an seinem Körper auf eine schlimme Krankheit hindeutet. Zudem kann er (E) seine gedanklichen Prozesse umstrukturieren, beispielsweise folgendermaßen: »Ich bin nicht gefährdeter als irgendjemand anderes, schwer krank zu werden. Ich rede mir meine Angst nur ein und deshalb kann ich diese Angst auch überwinden. Wenn mir das gelingt, fühle ich mich nicht mehr so bedroht und bin in der Lage, entspannter auf körperliche Veränderungen zu reagieren.«

▶ Der mit sich Unzufriedene wird (A) ein gutes Ergebnis nicht mehr (B) als unzureichend bewerten und (C) nicht mehr mit Unzufriedenheit reagieren. Er kann jetzt (D) darüber nachdenken, was Erfolg und Zufriedenheit für ihn bedeuten, und (E) neue mentale Strategien entwickeln, um sich erfolgreich und glücklich zu fühlen. Beispielsweise könnte er sich bewusst machen, dass er bereits sehr viele Geschenke in seinem Leben hat, für die er dankbar sein kann. Zudem könnte er seine Definition von Erfolg verändern und den Versuch und das Dranbleiben an Aufgaben bereits als Erfolg deuten.

▶ Der Mensch mit geringem Selbstwertgefühl kann damit beginnen, (A) Kritik (B) nicht länger als Beweis für seine Unzulänglichkeit zu betrachten und (C), anstatt automatische Minderwertigkeitsgefühle zu entwickeln, (D) die Kritik als Chance sehen, sich weiterzuentwickeln, und stattdessen (E) anfangen, nach Beweisen zu suchen, warum er auch bei berechtigter Kritik ein wertvoller Mensch ist.

Diese Beispiele zeigen, wie wir unsere Gefühle durch eine gezielte Umdeutung positiv beeinflussen können. Gleichzeitig hilft uns das Modell, unsere Emotionen bewusst zu verarbeiten, statt sie abzulehnen oder zu verdrängen. Die folgende Tabelle fasst diese zwei Strategien zusammen.

Phase	Element	Einschränkende Verarbeitung von Emotionen	Hilfreiche Verarbeitung von Emotionen
A	Wahrnehmung eines inneren oder äußeren Reizes	Unbewusste Reizwahrnehmung	Bewusste Reizwahrnehmung
B	Bewertung und Überzeugung	Automatische Interpretation der Situation anhand limitierender Muster und Filter	Bewusste, lösungsorientierte Interpretation der Situation
C	Reaktion	Verdrängung oder ablehnende, ausweichende Reaktion	Akzeptanz, bewusste Reaktion
D	Infragestellen der Bewertung	–	Überprüfen der inneren Überzeugungen
E	Mentale Umstrukturierung der Bewertung	–	Bewusste Neuordnung von Überzeugungen

Das ABCDE-Modell zur Verarbeitung von Emotionen

Wenn uns negative Emotionen beherrschen

Menschen, die wenig Übung im authentischen Umgang mit ihren Gefühlen haben, können ihre negativen Emotionen häufig nicht loslassen und tragen sie Stunden, Tage oder vielleicht sogar Jahre mit sich herum. Dazu erzählt der Buddhismus diese Geschichte:

Zwei Zen-Mönche wandern auf einer Pilgerreise. In einem Dorf treffen sie eine junge Frau in einem langen Seidenkimono. Die Frau möchte die schlammige, geflutete Straße überqueren, traut sich aber nicht, in den Schlamm zu treten. Einer der Mönche geht auf sie zu, hebt sie hoch, trägt sie zur anderen Seite der Straße und setzt sie dort ab. Danach gehen die Mönche in andächtiger Stille weiter. Fünf

Stunden lang praktizieren sie noble Stille. Kurz vor ihrem Ziel sagt ein Mönch zu dem anderen, der die junge Frau über die Straße getragen hat: Weißt du, das hättest du nicht tun dürfen. Uns Mönchen ist es nicht erlaubt, Frauen anzufassen. Das hättest du wirklich nicht machen sollen. Daraufhin erwidert der andere Mönch: »Oh, trägst du immer noch die Frau? Ich habe sie schon vor Stunden abgesetzt.« Der zweite Mönch hatte das Ereignis noch in seinem Kopf und war fünf Stunden lang mit dieser Last gewandert.

Wie den Mönch in der Geschichte können uns negative Gefühle sehr belasten. Wir erleben sie so, als wären wir ihnen schutzlos ausgeliefert, ohne sie kontrollieren zu können. Das liegt daran, dass wir in der Regel erst die folgenden sechs Phasen durchlaufen müssen, um Emotionen, die wir als negativ empfinden, Schritt für Schritt zu durchleben und loszulassen:

1. Verneinung
Wir wollen nicht wahrhaben, dass uns das Geschehene passiert ist.

2. Widerstand
Wir sind der Meinung, dass uns Unrecht getan wurde, werden wütend und lehnen ab, was gerade passiert oder passiert ist.

3. Krise
Unser Schmerz ist auf dem Höhepunkt. Wir empfinden Wut, Trauer, Hoffnungslosigkeit, Verzweiflung oder Angst.

4. Erkundung
Wir beginnen, das Erlebte und unsere Gefühle zu erkunden. Wir benennen die Gefühle und gestehen uns ein, dass sie da sind.

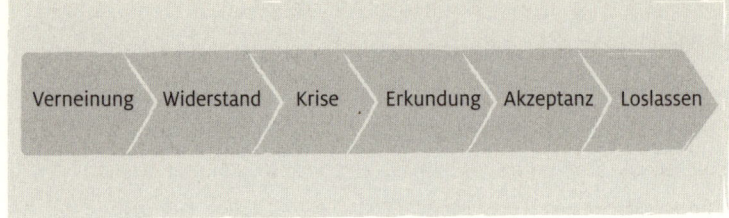

Sechsstufiger Prozess zur Verarbeitung negativer Emotionen

5. Akzeptanz

Wir akzeptieren, was ist. Wir vergeben uns und anderen.

6. Loslassen

Wir lassen los. Wir gehen weiter unseren Weg. Was geschehen ist, wird zur bloßen Erinnerung.

Wie schnell wir diese Stadien durchlaufen, ist individuell unterschiedlich. Der Verlauf des Prozesses ist von vielen Faktoren abhängig, etwa von dem jeweiligen Ereignis, der Bedeutung, die wir ihm beimessen, sowie von unserer persönlichen Fähigkeit, mit unseren Emotionen authentisch umzugehen. Allerdings können wir den Prozess nicht durchlaufen, solange unser »Endgegner«, unser Reptiliengehirn, aktiv ist.

Nichts geht mehr?
Wenn das Reptiliengehirn uns überwältigt

In emotional stark aufgeladenen Momenten fällt es uns in der Regel besonders schwer, bewusst auf Geschehnisse zu reagieren. Da hilft uns zunächst auch das beste Modell nichts, denn wenn es um die Verarbeitung von gemütserhitzenden Emotionen geht, wird der älteste Teil unseres Gehirns, unser Reptiliengehirn, aktiv.

Unser Reptiliengehirn ist vergleichbar mit einem Endgegner in Computerspielen. Ein Endgegner ist es ein besonders starker und widerstandsfähiger Gegner, den wir überwinden müssen, um weiterzukommen. Was unser Reptiliengehirn so stark macht, ist dessen unmittelbare Aktivierung durch unser Unterbewusstsein in Situationen, die wir als gefährlich einstufen. Schon bei unbedeutenden Ereignissen, zum Beispiel, wenn ein anderer Autofahrer zu dicht auf uns auffährt, ein Fremder uns zurechtweist oder uns jemand nur böse ansieht, wird es aktiv und bereitet uns auf Kampf, Flucht oder Starre vor. Unsere Emotionen kochen hoch, wir sind nicht mehr Herr oder Frau der Lage. In einem solchen Moment Gefühle achtsam zu betrachten, zu akzeptieren und loszulassen ist für den ungeübten Geist nahezu unmöglich. An eine rationale Reaktion ist schon gar nicht zu denken.

Nachdem ein Auslöser negative Emotionen hervorgerufen hat, braucht unser Gehirn etwa 30 Minuten, bis es nicht mehr unter dem Einfluss der durch das Reptiliengehirn ausgeschütteten Stresshormone steht. Dies gilt allerdings nur dann, wenn der Auslöser innerhalb dieser Zeit nicht mehr vorhanden ist. Solange wir am Auslöser mental festhalten, schüttet das Reptiliengehirn weiterhin Stresshormone aus. Deshalb ist es nicht sehr hilfreich, lange über ein Ereignis zu grübeln oder es ständig neu zu aktivieren, indem wir zum Beispiel immer und immer wieder darüber sprechen. Sobald wir die Situation erneut vor Augen haben, stürzt sich unser Reptiliengehirn bereitwillig darauf, schüttet Stresshormone aus und bringt unsere negativen Gefühle zurück.

In solchen Momenten hilft es lediglich, abzuwarten und sich in Akzeptanz zu üben.

Akzeptanz als Schlüsselfähigkeit im Umgang mit Emotionen

Akzeptanz ist eine der wichtigsten mentalen Fähigkeiten, wenn es um das schnelle Verarbeiten von Emotionen und das Beruhigen des Reptiliengehirns geht. Im Buddhismus und psychologischen Therapieformen wird sie als Grundfähigkeit verstanden, um dem Leben positiv zu begegnen und Leid für sich und andere aufzulösen. Beispielsweise lautet ein elementarer Grundsatz der Gestalttherapie: »*Alles, was ist, darf sein, und alles, was sein darf, kann sich verändern.*« Dieser Kerngedanke fasst zusammen, dass es eine der elementaren Voraussetzungen für Veränderung ist, alles zuzulassen, was gerade ist. In Bezug auf unsere Gefühle bedeutet dies, dass wir uns möglichst vorbehaltlos und ohne Tabuisierung mit unseren Emotionen auseinandersetzen sollten, damit sie sich verändern können. Wenn wir sie negativ bewerten, zensieren und unterdrücken, behindern wir den Veränderungsprozess. Was unser emotionales Erleben betrifft, gilt es, eine offene, möglichst vorurteilsfreie Haltung zu entwickeln. Auch im Buddhismus finden wir diese Weisheit. Buddha lehrte: »*Zwischen dem, wie es ist, und dem, wie es sein soll, liegt das Leiden.*« Er beschrieb damit, dass alles Glück darin liegt, das anzunehmen, was ist, und uns so für das frei zu machen, was wir wollen.

Unsere Gefühle anzunehmen, statt sie abzulehnen oder anders haben zu wollen, ist demnach der Schlüssel, um die Kontrolle über unsere Gefühlswelt zu erlangen. Besonders logisch-rationale Menschen werden jetzt nicken und sagen: »*Ja das klingt einleuchtend. Akzeptieren, loslassen und alles ist wieder in Ordnung.*« Doch besonders diesen Menschen fällt es in emotionalen Momenten oft schwer, sich auf die Situation einzulassen und sie so zu akzeptieren, wie sie ist. Akribisch analysieren viele von ihnen die Vergangenheit, die Gründe für das Geschehen, das Verhalten anderer sowie ihr eigenes. Sie wollen alles erklären, rationalisieren und logisch begründen.

Akzeptieren bedeutet jedoch nicht, akribisch die Entstehung eines Ereignisses zu untersuchen oder ausgeklügelte Lösungsstrategien für eine Situation zu entwickeln. Akzeptieren heißt, einfach nichts zu tun. So simpel diese Strategie auch klingen mag, so herausfordernd ist es, sie zu durchdringen und anzuwenden.

Die Kunst liegt darin, jedes Gefühl, jeden Gedanken und jeden Reiz zuzulassen, ohne irgendetwas davon »weghaben« zu wollen. Du kannst dich in Akzeptanz üben, indem du es dir zur Gewohnheit machst, das, was ist, ohne Urteil wahrzunehmen. Führe dir vor Augen: Nichts, was du erlebst, ist per se gut oder schlecht. Vielmehr ist alles im Grunde neutral. Erst deine Bewertungen kennzeichnen die Dinge als gut oder schlecht und rufen die entsprechenden Reaktionen in dir hervor.

Bewusst mit deinen Gefühlen umzugehen bedeutet paradoxerweise, nicht auf sie einzuwirken und sie einfach da sein zu lassen, damit sie wieder gehen können. Solange du an Gefühlen festhältst, die du als negativ bewertest, schaden sie dir. Erinnere dich also immer daran: Die Gefühle und Gedanken, die du jetzt hast, werden verfliegen, und neue Gedanken und Gefühle werden sie ersetzen. Es ist ein Naturgesetz. Alles, was dir jetzt so wichtig und schmerzhaft erscheint, wird irgendwann den ewigen Gründen des Vergessens anheimfallen. Sage dir einfach immer wieder: »*Auch das geht vorbei*, so wie bereits Millionen anderer Momente vergangen sind.«

Wachstumsstrategien für mehr positive Gefühle

Strategie 1: Gewinne Meisterschaft über deine Gefühle

Mit dieser Strategie lernst du einen bewussten Umgang mit deinen negativen Emotionen. Du kannst sie immer dann anwenden, wenn du gerade einmal wieder von deinen Gefühlen »überfallen« wirst und sie nicht loslassen kannst.

1. Benenne deine Gefühle

Nimm deine aktuellen Gefühle wahr. Rufe dir die Basisemotionen Angst, Wut, Traurigkeit, Ekel und Freude in Erinnerung und benenne die Gefühle, die deiner Stimmung am nächsten kommen.

2. Gehe bewusst mit deinen Gefühlen um

Erinnere dich daran, dass ein bewusster Umgang mit deinen Gefühlen bedeutet, überhaupt nicht auf sie einzuwirken. Lass die Gefühle zu, drücke sie nicht weg, sondern nimm sie einfach nur wahr.

3. Entscheide dich, deine Gefühle zu akzeptieren

Emotionen zu verarbeiten beginnt mit der Entscheidung, die Gefühle zu akzeptieren, die gerade da sind. Wenn du annimmst, was ist, kannst du dich davon verabschieden. Gefühle wollen gefühlt werden. Nur wenn sie da sein dürfen, können sie auch wieder gehen.

Strategie 2: Die Vergänglichkeit der Gefühle erkennen

Kein Gefühl, keine Stimmung, kein Zustand bleibt ewig. Egal was du jetzt empfindest, es wird wieder vergehen. Jedes negative Gefühl wird durch neue Erlebnisse verwandelt. Akzeptiere, dass du dich jetzt so fühlst, wie du dich fühlst. Es werden neue Sonnenstunden kommen – und neue Regentage. Du wirst dich bald wieder großartig fühlen und auch wieder traurig, ängstlich oder wütend sein. Sag dir in Situationen des Schmerzes immer wieder »*Auch das wird vergehen*« und blicke zuversichtlich in die Zukunft. Egal, was kommt, du wirst damit umgehen können, so wie du es schon unzählige Male bewiesen hast. Statt dich emotional zu geißeln, kannst du dich bewusst fragen: »*Was kann ich selbst dafür tun, dass ich mich besser fühle? Hilft mir Musik, ein Spaziergang, ein Gespräch mit Freunden, ein Kurzurlaub?*« Überlege dir eine geeignete Strategie und wende sie an.

Strategie 3: Mach dir bewusst, dass du dich irren kannst

Wenn du dich aufgrund des Verhaltens anderer Menschen schlecht fühlst, solltest du prüfen, ob deine Interpretation der Dinge stimmig ist. Möglicherweise fühlst du dich schlecht, weil jemand dich kritisiert oder versetzt hat oder sich einfach nicht bei dir meldet. Mach dir in solchen Momenten bewusst, dass die Dinge nicht unbedingt so sind, wie du sie interpretierst. Vielleicht wollte dich derjenige, der dich kritisiert hat, weiterbringen, fand dafür nur nicht die richtigen Worte. Hat dich jemand versetzt, so ist ihm möglicherweise etwas dazwischengekommen, worum er sich unbedingt kümmern musste. Meldet sich jemand nicht, gibt es dafür unzählige Gründe, die nichts mit dir zu tun haben müssen. Wenn es dir schwerfällt, andere Interpretationen für Situationen zuzulassen, tappst du möglicherweise in eine der neun Gedankenfallen, die wir im Kapitel über klares Denken untersucht haben. Prüfe deine Gedanken auf logische Fehler. So lernst du, auch andere Interpretationen in Erwägung zu ziehen, und fühlst dich automatisch besser.

Strategie 4: So fühlst du dich sofort besser

Wenn du ein belastendes Gefühl sofort loslassen willst, wird dir folgende Technik dabei helfen:

1. Strecke die Arme nach oben.
2. Richte deinen Blick ebenfalls nach oben.

3. Bewege deine Augen sechsmal hin und her und mache dabei laut oder in Gedanken ein lachendes Geräusch mit den Silben »ha, ha, ha, ha, ha, ha«.

Wiederhole Schritt 3, bis du merkst, dass du dich besser fühlst und vielleicht sogar lachen musst. Mit dieser Technik kannst du einfach kein negatives Gefühl aufrechterhalten.

Strategie 5: Die Charly-Brown-Technik

Eine weitere Variante, um dich schnell von Gefühlen zu befreien, die du als belastend empfindest, ist die Charly-Brown-Technik:

1. Verändere deine Körperhaltung

Richte dich auf, zieh die Schultern nach hinten und unten, hebe das Kinn.

2. Steuere deinen internen Dialog

Sprich ausschließlich wertschätzend und zuversichtlich über das Ereignis oder die Person, durch die deine Gefühle ausgelöst wurden. Verwende dabei positive Worte.

3. Ändere deinen Fokus

Lenke deine Gedanken in eine neue Richtung. Frage dich, welche Ausrichtung dir jetzt ein gutes Gefühl geben würde. Worauf könntest du dich konzentrieren? Entwickle immer mehr von diesen bewussten Gedanken.

Strategie 6: Der emotionalen Negativspirale durch Fragen entkommen

Die Qualität deiner Fragen bestimmt die Qualität deiner Gedanken und damit deine Gefühle. Wenn du dir zukunftsgerichtete, lösungsorientierte Fragen stellst, kannst du jeder emotionalen Negativspirale entkommen. Die Kunst liegt darin, dir solche Fragen zu stellen, die dich unmittelbar auf andere Gedanken und so zu neuen Gefühlen bringen.

Denk dafür jetzt an ein Problem oder eine belastende Situation und beantworte folgende Fragen. Idealerweise schreibst du dir deine Antworten auf:

▶ Welche Bedeutung hat das Geschehnis für mich?

▶ Wie reagiere ich darauf?

▶ Wie könnte ich noch reagieren?

▶ Was müsste ich denken, um so reagieren zu können?

▶ Was müsste ich denken, um der Sache eine andere Bedeutung zu geben?

▶ Was ist der positive Aspekt bei dem Problem / an der Situation?

▶ Was würde ich jemandem raten, der dieses Problem hat?

▶ Was kann ich für die Zukunft daraus lernen?

▶ Was kann ich genau jetzt tun, um meine Situation zu verbessern?

▶ Wer oder was kann mir helfen?

Strategie 7: Die Dinge aus der Distanz betrachten

Du kannst deinen Erlebnissen einen anderen Rahmen geben, indem du dir hilfreiche Glaubenssätze in Erinnerung rufst, wenn du dich blockiert fühlst und die Dinge aus einer anderen Perspektive betrachten willst. Diese Glaubenssätze sind wahre Schätze für eine positive Sicht auf die Dinge und das Leben:

▶ Es hat alles etwas Gutes.

▶ Es könnte viel schlimmer sein.

▶ In zwei Jahren spielt es keine Rolle mehr.

▶ Wer weiß, wohin es führt?

▶ Das Leben ist ein großes Spiel.

Die 4. Kompetenz: Bewusstes Sprechen

*»Die Grenzen meiner Sprache
bedeuten die Grenzen meiner Welt.«*
Ludwig Wittgenstein

Die Magie der Sprache

Sprache hat eine ungeheure Kraft. Oft verstehen wir sie nur als Mittel der Verständigung. Doch sie ist so viel mehr als das.

Sprache versetzt uns in die Lage, zu verstehen und uns verständlich zu machen. Wir nutzen sie, um nachzudenken, zu interpretieren, zu bewerten und zu reagieren. Sprache lenkt unseren gedanklichen Fokus und steuert unser Handeln. Sie erzeugt in uns Bilder und Gefühle. Mit Sprache lösen wir Erinnerungen aus und stellen uns die Zukunft vor.

Sprache offenbart auch unsere Persönlichkeit. Würde ich dir ein paar Minuten lang zuhören, wüsste ich recht schnell, was für ein Typ Mensch du bist, denn durch deine Wortwahl, durch Grammatik, Satzbau, Struktur und Inhalt deiner Sprache offenbarst du Unmengen an Informationen über dich. Du würdest preisgeben, ob du strukturiert oder chaotisch, faul oder fleißig, selbstbewusst oder vielleicht selbstkritisch, harmoniebedürftig und freiheitsliebend bist. Du würdest mir ebenso verraten, welche Überzeugungen und Werte du hast, welche Ängste und Sorgen dich umtreiben, wo die Grenzen deines Modells der Welt liegen und welche Limitierungen du dir selbst auferlegt hast. Dazu genügt es, dir aufmerksam zuzuhören.

Trotz ihrer unglaublichen Macht verwenden die meisten Menschen Sprache unbewusst. Würde jeder Mensch seine Sprachkompetenz stärken und damit beginnen, sie bewusst einzusetzen, würden wir in einer wesentlich harmonischeren Welt leben.

Das Sprachbewusstsein erhöhen

Menschen mit einem hohen Sprachbewusstsein verfügen über eine Fähigkeit von unschätzbarem Wert. Sie sind in der Lage, Sprache mit hoher Präzision einzusetzen. Ihr Sprachstil ist klar, aktiv, positiv und zielorientiert. Jedes Wort ist wohl gewählt. Sie verstehen es, Worte zu benutzen, die auf die individuellen Landkarten ihrer Zuhörer abgestimmt sind, und so gelingt es ihnen, andere besser zu erreichen. Zudem können sie gut einschätzen, was ihre Gesprächspartner meinen, ohne diese vorschnell zu interpretieren, denn sie stellen genau die Fragen, die sie zu den gesuchten Antworten führen. Sie sind geschulte Zuhörer und können sich und andere durch ihre Sprache motivieren. Sie äußern ihre Anliegen und Bedürfnisse unmissverständlich und bleiben dabei freundlich, zugewandt und positiv.

Was können wir von der Sprache solch erfolgreicher Kommunikatoren lernen?

Mit einem erhöhten Bewusstsein für unsere individuelle Sprache können wir uns klarer ausdrücken, effektiver kommunizieren, andere Menschen besser verstehen und überzeugen und gewünschte Ergebnisse schneller und einfacher erreichen. Dies gelingt uns durch die Förderung dieser fünf elementaren Sprachkompetenzen:

▶ Eine präzise Wortwahl
▶ Wissen über die inneren Gestaltungsprozesse von Sprache
▶ Bewusstsein für unterschiedliche mentale Landkarten
▶ Wahrnehmen des eigenen internen Dialogs
▶ Fähigkeit, die richtigen Fragen zu stellen

Wähle Worte weise – sie erzeugen Gefühle

Worte haben einen unmittelbaren Einfluss auf unsere Gefühle, weil sie in uns Assoziationen, Bilder und Erinnerungen auslösen. Unser Geist muss jedes wahrgenommene Wort verarbeiten, egal ob jemand etwas zu uns sagt, ob wir einen Text lesen oder mit uns selbst sprechen. So können Worte aufbauen und Energie freisetzen, einschränken und lähmen, Mut machen oder ängstigen, uns wertvoll oder bewertet fühlen lassen, Hoffnung vermitteln und sie in nur einem Moment zerstören.

Machen wir dazu ein Experiment. Ich möchte dir einige Worte präsentieren und lade dich ein, genau wahrzunehmen, was diese Worte in dir auslösen. Du kannst sie still lesen oder auch laut aussprechen. Letzteres verstärkt ihre Wirkung zusätzlich.

Lass diese Worte auf dich wirken:

▶ Einfach, leicht, spannend, begeisternd, inspirierend
▶ Freude, Mut, Hoffnung, Freiheit
▶ Vertrauen, Geborgenheit, Sicherheit, Liebe

Was fühlst du beim Lesen dieser Worte?

Nun lass uns den Fokus auf eine andere Klasse von Worten lenken. Achte wieder darauf, was die Worte in dir auslösen:

▶ Schwer, dumm, laut, gemein, herzlos
▶ Unzufrieden, miesepetrig, wütend, ängstlich
▶ Krach, Einsamkeit, Armut, Krieg, Hass

Wie fühlst du dich jetzt? Vermutlich anders als bei der ersten Gruppe von Worten. Das liegt daran, dass Worte es vermögen, uns in positive und negative Gefühlszustände zu versetzen. Auch deshalb ist eine präzise und bewusste Wortwahl von essenzieller Bedeutung.

Worte beeinflussen unsere Gehirnstruktur

Worte sind wie Geschosse. Einmal abgefeuert, können wir sie nicht mehr zurückholen. Sie erreichen unweigerlich den Empfänger und haben eine unmittelbare Wirkung. Gerade deshalb ist es so wichtig, sich in einer präzisen Wortwahl zu üben.

Gleichzeitig hat Sprache auch einen Langzeiteffekt. Die Neurowissenschaftler und Kommunikationsexperten Andrew Newberg und Marc Robert Waldman haben diesbezüglich Verblüffendes herausgefunden: Worte haben buchstäblich die Kraft, unsere Gehirnstruktur zu verändern. In ihrem Buch *Die Kraft der mitfühlenden Kommunikation: Wie Worte unser Leben ändern können* beschreiben sie, wie Worte das Gehirn nachhaltig beeinflussen. Je nachdem, was wir mit einem Wort assoziieren, aktiviert es bestimmte Areale in unserem Denkorgan und bringt entsprechende Neuronen zum Feuern. Je öfter wir bestimmte Klassen von Worten nutzen, desto stärker verändern sich die dabei aktivierten Gehirnareale. Die Forscher weisen zum Beispiel nach, dass sich unsere Wortwahl langfristig auf unseren Thalamus auswirkt, den Teil unseres Gehirns, der als »Tor zu unserem Bewusstsein« bezeichnet wird. Hier werden Informationen gefiltert und danach bewertet, ob sie für uns im jeweiligen Augenblick wichtig genug sind, sodass sie an die Großhirnrinde weitergeleitet und bewusst verarbeitet werden. Durch Veränderungen im Thalamus beeinflussen wir also, wie wir die Welt wahrnehmen.

Wenn wir einen positiven und optimistischen Sprachstil haben, aktivieren wir dadurch überdies immer wieder Gehirnareale, die uns dabei unterstützen, selbstbestimmt und eigenverantwortlich zu handeln. Wenn wir positive Aktionsworte, wie zum Beispiel »*ausprobieren*«, »*kreativ werden*« oder »*schöpferisch sein*« verwenden, befeuern wir Hirnbereiche, die für unsere Motivation verantwortlich sind, unsere Leistungsfähigkeit steigern und unsere Handlungsfähigkeit positiv beeinflussen.

Negative Worte hingegen erzeugen Stresshormone im Gehirn und vermindern unsere situative Fähigkeit, logisch zu denken und bewusst zu handeln. Wir tendieren dazu, eher von Problemen als von Lösungen, von Misserfolg statt von Feedback und von Hindernissen statt von Möglichkeiten zu sprechen. Je häufiger wir das tun, desto stärker werden die zugrunde liegenden neuronalen Datenautobahnen. Wir fördern den Negativhang unseres Gehirns.

Mit unserer Sprache halten wir also den Schlüssel in der Hand, um uns buchstäblich zu einem positiven oder negativen Menschen zu verwandeln. Nicht zuletzt deshalb ist es so wichtig, den eigenen Sprachstil bewusst zu steuern.

Beziehungen mit positiver Wortwahl stärken

Auch unsere Fähigkeit, mit anderen Menschen zu kommunizieren, verbessert sich, wenn wir unser Sprachbewusstsein fördern und häufiger positive statt negative Worte wählen. Wie wir gesehen haben, aktivieren wir durch unsere Wortwahl Gedanken und Gefühle bei unserem Gegenüber und lenken so den Fokus des Gesprächs. Wenn wir beispielsweise den Satz »*Du hast mich falsch verstanden*« durch die Aussage »*Ich habe mich nicht richtig ausgedrückt*« ersetzen, richten wir den Fokus auf uns selbst und erzeugen beim anderen nicht das Gefühl, dass er etwas falsch gemacht hat. Die Wendung »*Ich habe damit kein Problem*« lenkt die Aufmerksamkeit auf das Wort »Problem«. Selbst wenn es kein Problem gibt, muss das Gehirn des anderen zuerst diesen Begriff verarbeiten und dann die mentale Transferleistung erbringen, dass es gar kein Problem gibt. Die Aussage »*Es ist absolut in Ordnung für mich*« führt die Aufmerksamkeit zum positiven Aspekt der Situation. Ein Satz wie »*Ich habe schlechte Nachrichten*« wirkt ganz anders auf unsere Gesprächspartner als etwa die Formulierung: »*Ich habe weniger gute Nachrichten.*« Wenn wir etwas gut finden, sagen wir oft »*Das ist gar nicht schlecht*« oder »*Ich kann mich nicht beschweren*«. Dies können wir viel bestärkender ausdrücken, zum Beispiel mit Sätzen wie »*Es ist gut / toll / klasse*«, »*Es gefällt mir*« oder »*Ich bin begeistert*«, denn so müssen weder wir noch unser Gegenüber erst die Worte »*schlecht*« oder »*beschweren*« verarbeiten.

Eine positive Wortwahl versetzt unser Reptiliengehirn weniger in Alarmbereitschaft als eine negative – unsere Kommunikation verläuft somit tendenziell besser.

Die folgende Tabelle gibt weitere Beispiele für eine unterschiedlich gefärbte Wortwahl:

Negative Wortwahl	Positive Wortwahl
»*Das ist falsch.*«	»*Ich sehe das anders.*«
»*Muss das sein?*«	»*Kannst du bitte damit aufhören?*«
»*Ich befürchte ...*«	»*Vielleicht wird es dazu kommen, vielleicht aber auch nicht.*«
»*Heute wird das nichts mehr.*«	»*Ich mache das gerne morgen.*«
»*Das stimmt nicht.*«	»*In meiner Welt ...*«
»*Damit habe ich ein Problem.*«	»*Ich wünsche mir ...*«

Negative versus positive Wortwahl

Alles gesagt? Von der Oberflächen- und Tiefenstruktur der Sprache

Missverständnisse prägen unsere tägliche Kommunikation. Wie oft glauben wir zu wissen, was jemand sagen will, und reagieren auf unsere eigene Interpretation statt auf das, was der andere tatsächlich meint? Das Konzept der Oberflächen- und Tiefenstruktur der Sprache hilft uns, zu verstehen, warum Kommunikation so oft scheitert.

Zwischen dem, was wir denken, und dem, was wir sagen, liegen typischerweise Welten. Das gesprochene Wort ist immer nur eine stark verkürzte Beschreibung unseres inneren Erlebens. Ein Beispiel: Sagt jemand »*Ich bin total überfordert*«, hatte diese Person unzählige Gedanken, Gefühle und Erlebnisse, die zu ihrer Überforderung geführt haben. Würde der Sprecher all die Dinge mit uns teilen, die in ihm vorgehen, entstünde ein sehr langer, vielleicht sogar tagelang andauernder Monolog. Die Gesamtheit all der inneren Prozesse und Informationen bildet die Tiefenstruktur der Sprache. Zur Übermittlung der Kernbotschaft genügt jedoch der Satz: »*Ich bin total überfordert.*« Diese Information stellt die Oberflächenstruktur der Sprache dar.

Was nun liegt zwischen dem, was in uns vorgeht, und dem, was wir zum Ausdruck bringen? Beim Sprechen wenden wir unbewusst permanent drei Transformationsprozesse an: Wir verallgemeinern, löschen und verzerren Informationen. So kommen wir von der Tiefenstruktur der Sprache – dem, was wir denken, fühlen und erleben – zur Oberflächenstruktur der Sprache – dem, was wir tatsächlich zum Ausdruck bringen. Dies hat daher nur wenig mit unserem wahren inneren Erleben zu tun. Da ein Zuhörer den umgekehrten Prozess ausführt, indem er die Oberflächenstruktur des Gesagten in seine eigene Tiefenstruktur überführt, ist es kein Wunder, dass wir so häufig aneinander vorbeireden.

Betrachten wir die sprachlichen Transformationsprozesse, die wir ständig anwenden, einmal genauer.

1. Verallgemeinerung von Informationen

Die Verallgemeinerung ist ein Prozess, der es uns ermöglicht, etwas zu lernen. Weil wir in der Lage sind, von einem Teil auf das große Ganze zu schließen, können wir allgemeine Schlussfolgerungen ziehen, die uns im Leben Orientierung geben. Wenn wir zum Beispiel einmal ein heißes Bügeleisen angefasst haben, müssen wir diese Erfahrung nicht noch einmal machen. Wir verallgemeinern sie, schlussfolgern, dass wir uns verbrennen, wenn wir heiße Objekte berühren, und speichern diese Information auf unseren inneren Landkarten ab.

Teilweise fassen wir allerdings auch Bestandteile zusammen, die gar nicht zusammengehören. Entsprechend fehlerbehaftet sind unsere Schlussfolgerungen. Wenn wir zum Beispiel einmal von einem Hund gebissen wurden, könnten wir das schnell verallgemeinern: »*Alle Hunde sind böse.*« Auch zu limitierenden Überzeugungen gelangen wir oft aufgrund irrtümlicher Verallgemeinerungen. Erkennbar sind solche unzutreffenden Generalisierungen anhand absoluter Aussagen wie: »*Das weiß doch jeder.*«, »*Keiner liebt mich.*«, »*Die Welt ist ein gefährlicher Ort.*«, »*Nie hörst du mir zu.*«, »*Immer musst du dich so aufführen.*«

Solche Verallgemeinerungen treffen jedoch selten zu, da sie nicht auf der Realität beruhen.

2. Löschen von Informationen

Beim Löschen blenden wir bestimmte Informationen vollständig aus. So nehmen wir nur Informationen wahr, die für uns interessant, wichtig und relevant sind, und vermeiden eine ständige Reizüberflutung. Weil wir in der Lage sind, Informationen zu löschen, können wir beispielsweise in einem Raum voller Menschen telefonieren oder in einem Zug ein Buch lesen.

Der Nachteil des Löschens liegt darin, dass wir relevante Details unserer Umwelt zum Teil gar nicht erst wahrnehmen. Zudem enthalten wir unseren Gesprächspartnern durch Löschung Informationen vor, die sie selbstständig ergänzen müssen. Wenn wir beispielsweise sagen »*Ich muss bis morgen fertig werden*«, behalten wir gleich zwei Informationen für uns: womit wir fertig werden müssen und was passiert, wenn wir es nicht schaffen. Eine Aussage, die mehr Informationen der Tiefenstruktur preisgeben würde, könnte so lauten: »*Ich muss mit dem Angebot bis morgen fertig werden, sonst enttäusche ich meine Kunden.*« Wenn jemand äußert »*Ich mag meinen Chef nicht*«, hat er gelöscht, warum er seinen Chef nicht mag. Die Feststellung »*Ich mag meinen Chef nicht, weil er ein Choleriker ist*« würde schon mehr, allerdings längst nicht alle Informationen liefern.

3. Verzerrung von Informationen

Wenn wir Informationen verzerren, verändern wir bestimmte Aspekte davon so, dass sie unseren inneren Landkarten entsprechen. Diese Fähigkeit ist sehr wertvoll, denn durch diesen Prozess fördern wir unsere Schöpferkraft und Kreativität. Indem wir Informationen umdeuten, frei interpretieren und neu verknüpfen, können wir Vorhandenes in Neues verwandeln. So erschaffen wir zum Beispiel künstlerische Werke, neue Geschäftsmodelle oder entwickeln unkonventionelle Ideen.

Die Schattenseite der Verzerrung kommt zum Tragen, wenn wir Informationen so verzerren, dass sie uns ein fehlerhaftes Bild der Realität vermitteln und unsere Handlungsoptionen einschränken. Das passiert vor allem dann, wenn wir neue Informationen durch die Brille unserer limitierenden Überzeugungen sehen und subjektiv interpretieren. Wenn uns beispielsweise unser Partner versetzt und unsere unmittelbare Schlussfolgerung ist, dass er uns wohl doch nicht so sehr liebt, wie er sagt, haben wir die uns objektiv vorliegenden Informationen verzerrt. Vielleicht steht er seit Stunden im Stau, hat seinen Adapter für das Handy vergessen und kann nicht Bescheid geben.

Das Metamodell der Sprache verhindert Missverständnisse

Wie wir gesehen haben, führen die drei elementaren Gestaltungsprozesse von Sprache häufig dazu, dass es in unserer Alltagskommunikation zu erheblichen Missverständnissen kommt.

Daher entwickelten die Linguisten Alfred Korzybski und Noam Chomsky das »Metamodell der Sprache«. Das Modell verfolgt das Ziel, Sprache von ihren Fehlgeformtheiten zu bereinigen und durch gezielte Metafragen die Tiefenstruktur des Gesagten so weit aufzudecken, dass sich beide Gesprächspartner sicher sein können, von der gleichen Sache zu sprechen – statt aneinander vorbeizureden.

Konkret umfasst das Metamodell der Sprache:
1. Einen Katalog von Metamodell-Verletzungen. Diese verdeutlichen Sprachmuster, die durch Generalisierung, Tilgung und Verzerrung entstehen.
2. Einen Katalog an Fragen, die auf sprachliche Fehlgeformtheiten hinweisen und im Gegenüber einen Suchprozess auslösen, durch den sich die Person selbst besser verstehen und erklären kann.

In Coaching und Therapie gehört die Anwendung des Metamodells der Sprache zur täglichen Praxis. Sich mit dem Modell vertraut zu machen, kann auch in der täglichen Kommunikation Verblüffendes bewirken. Werfen wir daher nun einen Blick auf die Metamodell-

Fragen. Sie ähneln denen, die ein Reporter stellen würde, um einen Sachverhalt genau zu ergründen:

- ▶ Was genau?
- ▶ Wer genau?
- ▶ Wie genau?
- ▶ Wo genau?
- ▶ Wann genau?
- ▶ Womit genau?

Allein durch die Verbindung der Fragewörter mit dem Wort »genau« können wir einen großen Teil der Tiefenstruktur unseres Gesprächspartners entschlüsseln und erlebbar machen, weil dieser sich durch unsere konkreten Fragen auf die Suche nach Antworten in seinem Inneren macht.

Lass uns einige Beispiele betrachten, wie die Metamodell-Fragen eingesetzt werden können, um mehr Informationen aufzudecken und Missverständnisse zu vermeiden:

Mithilfe einer einfachen Kommunikationsregel lässt sich die Anwendung des Metamodells üben. Statt auf Gesagtes sofort zu reagieren, können wir innehalten und fragen: »*Wie genau meinst du das?*« Dieser Satz – beliebig oft wiederholt – genügt bereits, um eine hinreichende Menge an Informationen aus der Tiefenstruktur zutage zu fördern, mehr Klarheit über tatsächlich Gemeintes zu erlangen und Missverständnisse zu vermeiden.

Beispielsatz	Mögliche Metafragen
»Das ärgert mich.«	Was genau ärgert dich? Wer genau hat dich verärgert? Womit genau hat diese Person dich verärgert?
»Ich weiß genau, was du jetzt denkst.«	Woher genau weißt du das? Was genau denke ich?
»Mein Chef schätzt meine Arbeit nicht.«	Woran genau merkst du das? Was genau meinst du damit?
»Mein Partner verlangt nach Aufmerksamkeit.«	Woran genau merkst du das? Was genau bedeutet Aufmerksamkeit für deinen Partner? Wann genau verlangt dein Partner nach Aufmerksamkeit?
»Das ist falsch.«	Falsch für wen genau? Warum genau ist das falsch?
»Ich habe immer Pech.«	Womit genau hast du immer Pech? Gab es in deinem Leben keinen einzigen Moment, in dem du Glück hattest? Hast du genau jetzt Pech?
»Das macht man nicht.«	Wer genau darf was genau nicht machen? Wer genau sagt das?

Geeignete Metafragen führen von der Oberflächenstruktur zur Tiefenstruktur

7 Kommunikationstricks
für eine ermächtigende Sprache

Mit den folgenden Kommunikationstricks wird es dir gelingen, deine Wortwahl zu präzisieren, dein Sprachbewusstsein zu erhöhen und deine Selbstwirksamkeit zu steigern.

1. »Ich« statt »man« ermöglicht Selbstverantwortung

Ist dir schon einmal aufgefallen, wie oft Menschen »*man*« sagen, wenn sie über sich selbst sprechen? Wie oft hören wir solche Sätze: »*Man hätte es wissen müssen.*«, »*Man kann nicht alles haben.*«, »*Man müsste mal ...*«

Der Grund, warum Menschen »*man*« statt »*ich*« sagen, liegt darin, dass sie sich unbewusst von etwas distanzieren wollen, meist weil sie negative Assoziationen dazu haben. Sie nehmen Abstand von dem, was sie sagen, so als hätte es nichts mit ihnen zu tun. Das fühlt sich unbewusst besser an, doch es behindert sie darin, ihr Leben aktiv zu steuern. Jeder Satz mit »*man*« führt aus der Handlungsverantwortung ins Leere. Immer wenn jemand »*man*« statt »*ich*« sagt, gibt er buchstäblich die Verantwortung für das ab, worüber er spricht.

Wenn wir konsequent »*man*« durch »*ich*« ersetzen, hat plötzlich das, was wir sagen, einen Bezug zu uns selbst. »*Man*« entfremdet, »*ich*« führt zum Wesentlichen. Beobachte einmal selbst, wie oft du das Wort »*man*« verwendest, und ersetze es bewusst durch »*ich*«. Möglicherweise wirst du erstaunt darüber sein, wie häufig es dazu kommt.

2. »Und« statt »aber« stärkt zwischenmenschliche Beziehungen

Jede Diskussion, egal ob im Beruf oder im Privatleben, profitiert davon, wenn wir statt »*aber*« das Wort »*und*« verwenden. »*Aber*« hebt das auf, was vorher gesagt wurde. Wenn du zu jemandem sagst »*Du* hast gute Arbeit geleistet, aber da fehlt noch etwas«, bleibt bei deinem Gegenüber hängen, dass etwas fehlt. Die eigentliche Leistung gerät in den Hintergrund. Sobald du »aber« durch »und« ersetzt, bekommt die Aussage eine neue Wirkung: »Du hast gute Arbeit geleistet, und da fehlt noch etwas.« Der andere fühlt sich wertgeschätzt und weiß gleichzeitig, du erwartest mehr. »Ich mag dich, aber das war inakzeptabel« bewirkt etwas anderes als »Ich mag dich und bin anderer Meinung« ebenso wie die Äußerung »Du hast recht, aber ich würde das anders machen« im Vergleich zur Formulierung »Du hast recht und ich würde das anders machen.«

Entscheide dich immer öfter dafür, das Wort »und« zu verwenden, wenn du »aber« sagen willst. Auch wenn es sich anfangs ungewohnt anfühlt, wirst du schnell beobachten können, dass deine Gespräche dadurch harmonischer verlaufen und deine Beziehungen zu anderen gestärkt werden.

3. Bewusstes Rahmen unserer Erfahrung

Wie wir gesehen haben, lenkt unser Denken unseren Fokus und spannt einen Rahmen um unser Erleben. Das Gleiche gilt ebenso für die Sprache. Betrachten wir dies am Beispiel der Worte »aber«, »obwohl« sowie »und«. Lies einmal die nachfolgenden Sätze und prüfe, wie sie sich in ihrer Wirkung unterscheiden:

▶ »Ich habe mein Ziel erreicht, **aber** es war mühsam.«
▶ »Ich habe mein Ziel erreicht, **obwohl** es mühsam war.«
▶ »Ich habe mein Ziel erreicht, **und** es war mühsam.«

Jeder dieser Sätze lenkt unsere Aufmerksamkeit auf unterschiedliche Aspekte der Situation. Beim ersten Satz fokussieren wir uns darauf, wie mühsam das Erreichen des Ziels gewesen ist. Beim zweiten Satz liegt der Fokus auf dem Erreichen des Ziels. Der dritte Satz lässt beide Aussagen gleichwertig nebeneinanderstehen. Ist das nicht verblüffend? Die Sachlage ist ein und dieselbe, unsere Perspektive darauf ist jedoch in jedem Satz anders. Diese Betonungsunterschiede sind zwar subtil, doch sie bewirken, dass wir und unsere Gesprächspartner Situationen unterschiedlich wahrnehmen, interpretieren und verschieden darauf reagieren.

4. Die außerordentliche Kraft des kleinen Wörtchens »noch«

Das unscheinbare Wörtchen »noch« hat eine immense Kraft. Wenn du sagst »*Ich kann das nicht*« oder »*Ich bin nicht gut darin*«, sind das absolute Urteile über deine Fähigkeiten. Wenn du stattdessen sagst »*Ich kann das noch nicht*« oder »*Ich bin noch nicht gut darin*«, entsteht plötzlich eine Chance zur Veränderung: Das, was du vermeintlich nicht kannst, könntest du plötzlich lernen.

Achte selbst einmal darauf, wann du einschränkende Aussagen über deine Fähigkeiten oder dein Verhalten machst. Dann füge einfach das Wort »*noch*« in den Satz ein. Du wirst überrascht sein, welchen Unterschied dieses kleine Wörtchen machen wird.

5. »Ich darf«, »Ich werde«, »Ich entscheide mich für« statt »Ich muss«

Das Wort »*müssen*« ist ein allgegenwärtiger Begleiter unseres Lebens: »*Ich muss morgen zur Arbeit.*«, »*Ich muss die Steuererklärung machen.*«, »*Ich muss die Kinder ins Bett bringen.*«, »*Ich muss das schaffen.*«

Sobald wir den Begriff »*müssen*« verwenden, belegen wir etwas mit einer negativen Konnotation sowie negativen Gefühlen. Dabei ist es doch so: Keiner zwingt uns, zur Arbeit zu gehen. Wir entscheiden uns dafür, weil wir uns unseren Lebensstandard leisten wollen. Wir müssen ebenso wenig unsere Steuererklärung machen. Wir entscheiden uns dafür, weil wir keine Strafe vom Finanzamt bekommen wollen. Wir entscheiden uns ebenso dafür, die Kinder ins Bett zu bringen, weil wir wollen, dass sie genügend Schlaf bekommen. Bei jeder noch so schwierigen Herausforderung, die uns stört, schlaucht, ermattet, ärgert oder anstrengt, können wir uns immer wieder bewusst machen: Wir wollen es. Wir haben nur manchmal keine Lust dazu.

Um unsere Entscheidung zu würdigen und uns von der mit der Aufgabe verknüpften Unlust zu befreien, können wir die Formulierung »Ich muss« durch »Ich darf«, »Ich werde« oder »Ich entscheide mich für« ersetzen. Probiere es einmal selbst aus: Wie wirken die folgenden Sätze auf dich? »Ich werde morgen zur Arbeit gehen.«, »Ich entscheide mich dafür, meine Steuererklärung zu machen.«, »Ich darf die Kinder ins Bett bringen.«, »Ich werde das schaffen.« Möglicherweise fühlen sie sich leichter und befreiender an als die vorherigen »Muss«-Sätze.

Die Verwendung solcher Formulierungen ist eine überaus ermächtigende Strategie, denn sie lenkt den Fokus auf Wahlmöglichkeiten statt auf Handlungszwänge.

6. »Ich kann nicht« oder »Ich will nicht«?

Wer sagt »Ich kann nicht«, sagt in Wirklichkeit »Ich will nicht«. Nicht zu können ist eine Entscheidung. Es gibt so gut wie immer einen Weg, um an unser Ziel zu kommen, nur erscheint uns dieser Weg mühsam und anstrengend. Wenn du versucht bist, Sätze wie diese zu verwenden: »Ich kann mich nicht konzentrieren.«, »Ich kann nicht nett zu diesem Menschen sein.«, »Ich kann nicht gut mit Geld umgehen.«, »Ich kann meine Gefühle nicht zeigen«, sage stattdessen bewusst: »Ich will mich nicht konzentrieren.«, »Ich will nicht nett sein.«, »Ich will mit Geld nicht gewissenhaft umgehen.«, »Ich will meine Gefühle nicht zeigen.« So übernimmst du die Verantwortung für deine Entscheidungen.

7. Ermächtigende, zielgerichtete, zukunftsorientierte Fragen stellen

Jede Frage führt unseren Geist automatisch auf die Suche nach Antworten. Je nachdem, wie wir eine Frage formulieren, richten sich unsere darauffolgenden Gedanken und unser Verhalten aus. Leider neigen wir häufig dazu, uns hinderliche Fragen zu stellen, die unseren Fokus auf Probleme und deren Ursachen statt auf Lösungen und Möglichkeiten lenken.

Besonders wenn etwas nicht funktioniert oder wenn wir scheitern, stellen wir uns Fragen wie: »*Warum klappt das nicht?*«, »*Warum stehe ich mir selbst im Weg?*«, »*Warum ist es so schwer, mein Ziel zu erreichen?*«, »*Warum passiert mir das immer?*«, »*Warum bin ich nicht selbst darauf gekommen?*«, »*Warum gelingt mir das nicht?*« Weil jede Frage eine Antwort provoziert, finden wir viele Begründungen dafür, warum wir nicht erfolgreich sind. Eine Veränderung der Fragen bringt uns wesentlich weiter. Welche Art von Fragen kann uns helfen, um unseren Zielen näher zu kommen? Fragen solcher Qualität beginnen mit »*Was*« und »*Wie*«. »*Was*«- und »*Wie*«*-Fragen* lenken unseren Fokus auf die Struktur des Problems, ermöglichen uns, die Lage aus einer anderen Perspektive zu betrachten und auf die Suche nach Lösungsmöglichkeiten zu gehen. Beispiele für diese Klasse von Fragen sind:

▶ »Was habe ich noch nicht ausprobiert?«

▶ »Wie könnte ich das schaffen?«

▶ »Wie kann ich mein Ziel erreichen?«

▶ »Wie könnte ich noch handeln?«

▶ »Was könnte ich noch tun, um mein Ziel zu erreichen? Und was noch? Und was noch?«

Möglicherweise fühlen sich diese linguistischen Kunstgriffe für dich zunächst etwas ungewohnt an. Das ist ganz normal, wenn du beginnst, sie gezielt anzuwenden. Doch der Nutzen eines solchen bewussten Umgangs mit der Sprache wird sich sehr schnell zeigen.

∗ ∗ ∗

Wachstumsstrategien für bewusste Sprache

Strategie 1: Steigere deine Sprachsensibilität

Schärfe deine Wahrnehmung in Bezug auf deine Sprache, indem du dir selbst beim Sprechen genau zuhörst. Wenn du das nächste Gespräch führst, nimm bewusst eine Metaposition ein und beobachte: Welche Worte verwendest du? Sind es eher positive oder negative Begriffe? Wie oft nutzt du »*Man*«, »*Müssen*«, »*Nicht können*« oder »*Eigentlich*«? Überlege dir, wie du dich stattdessen ausdrücken kannst, und mach es dir zum Ziel, deine Worte immer häufiger bewusst zu wählen.

Strategie 2: Erkenne die Sprachstruktur deines Gegenübers

Beginne damit, die Sprachstruktur anderer genau wahrzunehmen. Wenn du ein Gespräch führst, nimm auch hier eine Metaposition ein und höre deinem Gegenüber aufmerksam zu. Welche Worte und Formulierungen verwendet dein Gesprächspartner? Welche Art von Fragen stellt er? Macht er Gedankensprünge? Wie spricht er über sich selbst? Achte auch darauf, ob du vom Gesagten auf Zusammenhänge schließt, die nicht genannt wurden.

Strategie 3: Optimiere deine Kommunikation mit anderen Menschen

Rufe dir immer wieder in Erinnerung, dass Sprache unvollständig ist und alles, was gesagt wird, nur die Oberflächenstruktur des Gemeinten widerspiegelt. Setze in Gesprächen bewusst das Metamodell der Sprache ein, um mehr Informationen aus der Tiefenstruktur zu erlangen, indem du Fragen dieser Art stellst:

▶ »Was genau?«	▶ »Wie genau?«	▶ »Wann genau?«
▶ »Wer genau?«	▶ »Wo genau?«	▶ »Womit genau?«

Sollte dein Gegenüber genervt von deinem unerschöpflichen Strom an Fragen sein, kannst du seine inneren Landkarten erweitern, indem du ihn über die Struktur von Sprache aufklärst.

Strategie 4: Verwende das Wort »Aber« bewusst

Beginne damit, das Wort »aber« bewusster zu verwenden. Wenn du versucht bist, »Ja, aber ...« zu sagen, nutze stattdessen die Formulierung »Ja, und ...«. Wenn du beispielsweise in einer Diskussion anderer Meinung bist, kannst du so reagieren: »Das ist eine interessante Ansicht, und ich denke, dass ...« Diese kleine Veränderung baut Brücken zwischen dir und deinem Gesprächspartner, statt sie einzureißen.

Du kannst das Wort »aber« auch einsetzen, um etwas abzuschwächen, was du am Anfang eines Satzes sagst: »Ich hätte es anders gemacht, aber das ist so auch in Ordnung« ist ein Beispiel für eine bewusste Ausrichtung auf das, was in Ordnung ist, anstatt auf die Aussage, dass du es anders gemacht hättest.

Strategie 5: Sprich selbstverantwortlich

Verwende immer häufiger eine selbstverantwortliche Sprache, indem du auch diese Kommunikationstricks anwendest:

▶ Sage stets »ich« statt »man«.
▶ Füge das Wort »noch« in Formulierungen über sehr schwierige oder scheinbar unmögliche Dinge ein.
▶ Sage bewusst »Ich entscheide mich für«, »Ich werde« oder »Ich darf« statt »Ich muss«.
▶ Sage »Ich will nicht« statt »Ich kann nicht«.

Strategie 6: Nutze die Macht der Fragen
für einen positiven Tag

Nutze Fragen, um den Verlauf des Tages positiv zu beeinflussen. Stelle dir dazu jeden Morgen diese Fragen:

- »Worüber kann ich in meinem Leben glücklich sein?«
- »Wofür bin ich dankbar? Welche Geschenke habe ich in meinem Leben?«
- »Wofür kann ich mich heute begeistern? Was ist aufregend und spannend?«
- »Was will ich erreichen und was kann ich heute dafür tun?«

Strategie 7: Sprich eine Woche lang nur positiv über dich

Streiche eine Woche lang jedes negative Wort über dich selbst aus deinem Wortschatz. Wenn dir ein negativer Satz in den Sinn kommt, formuliere ihn sofort um. Sei sanft mit dir und verurteile oder beschimpfe dich nicht etwa, wenn dir diese Aufgabe nicht sofort gelingt. Wähle immer öfter positive, mitfühlende, selbstwertschätzende Worte, wenn du zu dir selbst oder über dich sprichst.

Die 5. Kompetenz:
Entschlossenes Handeln

»Für unsere Bequemlichkeit ist uns nichts zu anstrengend.«
Verfasser unbekannt

Das positive Handlungsmodell nutzen,
um Ziele zu erreichen

Entschlossenheit ist eine Kraft, mit der sich keine Gegenkraft messen kann. Wenn wir fest entschlossen sind, dann werden wir auch einen Weg finden, unser Ziel zu erreichen. Das positive Handlungsmodell beschreibt die drei Komponenten, die zu entschlossenem Handeln führen sowie dazu, unser Verhalten so lange anzupassen, bis wir unser Vorhaben umgesetzt haben. Wenn wir die drei Bausteine nutzen, entsteht ein sich selbst verstärkender Mechanismus: Wir werden immer besser darin, je häufiger wir sie einsetzen.

Betrachten wir die Bausteine des positiven Handlungsmodells im Detail.

Die erste Komponente: Ins Handeln kommen

1. Bestimme dein konkretes Ziel

Eine unabdingbare Voraussetzung für entschlossenes Handeln besteht darin, das eigene Ziel zu kennen. Das klingt trivial, und doch haben viele von uns Schwierigkeiten, ihre Ziele zu formulieren. Was wir nicht wollen, wissen wir meist sehr genau. Wir denken zum Beispiel: *»Ich will nicht alleine sein.«*, *»Ich will nicht, dass mein Partner so*

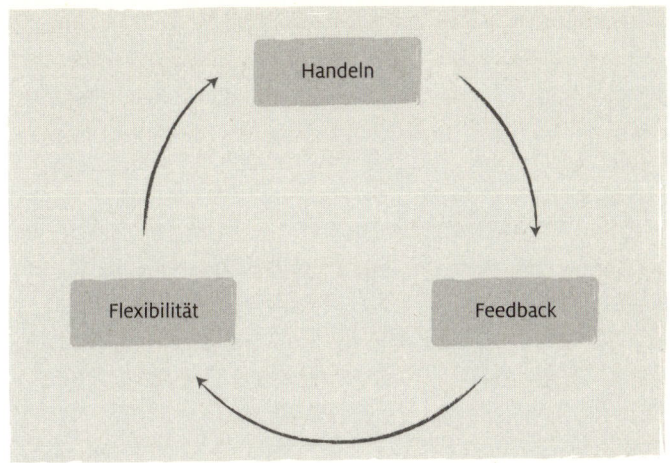

Das positive Handlungsmodell

mit mir umgeht.«, »Ich will nicht in einem Job feststecken, der mich unglücklich macht.« Was wir aber stattdessen wollen, wissen wir meist nicht.

Wenn wir entschlossen handeln wollen, sollten wir uns darüber im Klaren sein, wie unser konkretes Ziel aussieht und woran wir merken, dass wir es erreicht haben. Es ist wie beim Autofahren: Wenn du in dein Auto steigst und losfährst, solltest du wissen, wo du hinwillst. Wenn du denkst »Ich will nach Berlin«, stehen deine Chancen sehr gut, dass du auch in Berlin ankommen wirst – auch wenn es Umleitungen, Sperrungen oder Staus gibt. Wenn du aber denkst »Ich will nicht nach Hamburg, Köln, München oder Frankfurt« und dann losfährst, wäre das doch ziemlich absurd, oder? Ein Ziel muss positiv formuliert sein, damit du es erreichen kannst. Sonst bewegst du dich immer nur von dem weg, was du nicht willst, hast aber keine Richtung, in die es tatsächlich gehen soll. Die folgende Tabelle enthält einige Beispiele positiver Zielformulierungen:

Negativ formuliertes Ziel	Positiv formuliertes Ziel
»Ich will nicht im Hamsterrad feststecken.«	»Ich wünsche mir ein Leben, das mich erfüllt, und aufgrund der folgenden Dinge werde ich es erkennen: _____ (eigene Beispiele).«
»Ich will nicht immer so gestresst sein.«	»Ich möchte lernen, mich bewusst zu entspannen.«
»Ich will mich bei der Arbeit nicht langweilen.«	»Ich wünsche mir einen Beruf, der mir Spaß macht und mir liegt, und das ist _____ «.
»Ich will nicht immer nur zu Hause sitzen.«	»Ich möchte mir ein Hobby zulegen, bei dem ich Kontakt mit Gleichgesinnten habe, und zwar _____ (eigene Beispiele).«
»Ich will nicht arm und einsam sterben.«	»Ich möchte mir eine finanzielle Rücklage für meinen Lebensabend aufbauen und mit meinem Partner auch dann glücklich leben, wenn wir alt sind.«

Negativ und positiv formulierte Ziele

Hast du deine Ziele klar definiert, kannst du beginnen, sie in die Tat umzusetzen. Dazu brauchst du die zweite Zutat des Handelns: Motivation.

2. Wie du unbändige Motivation entwickelst

Viele Menschen erwarten, dass sie irgendwoher eine Motivationsspritze bekommen, um endlich all das anzupacken, was sie schon seit Langem machen wollten. Die ernüchternde Wahrheit ist, dass Motivation immer nur kurz lodert. Schnell wird sie von unserer Bequemlichkeit verdrängt. Gedanken wie »*Eigentlich sollte ich ...*« bestimmen dann wieder das Leben. Doch »*sollte*« ist nur ein anderes Wort für »*nicht aktiv werden*«. Du kannst nicht einfach auf der Couch liegen und warten, bis die Motivation vorbeikommt. Vielleicht gibst du auch deinem Umfeld die Schuld daran, dass du nicht anfängst. Oder du kannst dich aufgrund deiner Ängste oder Selbstzweifel einfach nicht zum Handeln überwinden. Möglicherweise fängst du sogar mit viel Begeisterung an, nur um schnell wieder nachzulassen.

Solange du so agierst, wirst du immer das Opfer deiner alten Muster und Gewohnheiten bleiben. Wer sagt »*Ich sollte …*« und nicht unmittelbar handelt, wird seine Ziele nicht erreichen. Der Grund ist die Motivations-Aktions-Lücke. Sie liegt zwischen dem Wunsch zu handeln und der eigentlichen Aktion. Die Motivationstrainerin Mel Robbins beschreibt es so: »*Wenn zwischen dem Moment, in dem du dir etwas vornimmst, und dem Moment, in dem du handelst, mehr als fünf Sekunden vergehen, wirst du es nicht tun.*«

Du kannst dir also abends hundertmal vornehmen, am nächsten Tag dein Leben zu verändern. Die Nacht ist zu lang, um morgens noch die Handlungsenergie zu haben, das gewünschte Ziel in Angriff zu nehmen. Wenn du etwas erreichen willst, musst du unmittelbar und aus innerer Kraft heraus handeln – egal ob du dich danach fühlst oder nicht. Kein erfolgreicher Mensch, ob Sportler, Geschäftsmann oder Schauspieler, hat immer Lust darauf, aktiv zu werden und zu handeln. Der Unterschied zu erfolglosen Menschen liegt darin, dass die Erfolgreichen es trotzdem tun. Ihre Ziele sind ihnen wichtiger als ihr Komfort.

Damit auch du zu den Machern des Lebens gehörst, möchte ich dir die ultimative Motivationsstrategie ans Herz legen. So funktioniert sie:

1. Zähle von 5 bis 0 rückwärts.
2. Zucke mit den Schultern.
3. Sage: »*Hilft ja nix.*«
4. Beginne dein Vorhaben.

So überwindest du die Motivations-Aktions-Lücke. Wenn du also das nächste Mal ein Vorhaben umsetzen möchtest, dann zähle von 5 bis 0 rückwärts, zucke mit den Schultern, sage »*Hilft ja nix*« und handele ohne Verzögerung – egal ob du morgens genau dann aufstehen willst, wenn der Wecker klingelt, ob du an einem Projekt arbeiten oder mit dem Laufen beginnen möchtest.

Die zweite Komponente:
Der unschätzbare Nutzen von Feedback

»*Es gibt kein Versagen, nur Feedback*«, lautet eine Grundannahme im Modell des NLP. Verinnerlichen wir diese Annahme, befreit sie uns davon, Fehler möglichst vermeiden zu wollen, denn das, was wir in der Regel als Fehler bezeichnen, bringt uns im Leben weiter, wenn wir es stattdessen Feedback nennen. Ein Feedback gibt uns die Möglichkeit, etwas zu lernen, was uns sonst verborgen geblieben wäre. Nun fällt es uns meist nicht leicht, Fehler voller Begeisterung willkommen zu heißen und sie als Rückmeldung zu verstehen, die uns eine nötige Handlungskorrektur aufzeigt. Wesentlich öfter sind wir niedergeschlagen oder ärgern uns, wenn uns Fehler unterlaufen.

Hier hilft es, uns bewusst zu machen, dass Feedback als elementare Korrekturmaßnahme überall im Leben präsent ist. Viele Systeme erreichen ihr Ziel, indem sie sich vorwärtsbewegen, Kursabweichungen registrieren und diese kontinuierlich korrigieren. Ein Flugzeug ist beispielsweise nie genau auf Kurs, sondern erreicht sein Ziel durch ständige Korrektur. Die Sensoren setzen den Piloten kontinuierlich darüber in Kenntnis, ob das Flugzeug auf Kurs ist oder davon abweicht. Der Pilot korrigiert anhand dieser Feedbackmechanismen permanent die Richtung, um schließlich am angepeilten Flughafen zu landen.

Ein Fehler ist demnach nur eine Information darüber, wie weit wir vom gewünschten Ziel entfernt sind, und damit sogar eine

Grundvoraussetzung für zielführende Lösungen. Er zeigt uns nicht nur den Grad unserer Abweichung, sondern auch die nötige Justierung, um ans Ziel zu kommen. Das Einbeziehen solcher Feedbacks ist für unser Tun natürlich nur dann vorteilhaft, wenn wir Wahlmöglichkeiten haben und flexibel genug sind, uns anzupassen. Flexibilität ist daher die dritte Komponente des positiven Handlungsmodells.

Die dritte Komponente: Flexibilität

Kennst du das Gefühl, mit deinem Verhalten immer wieder gegen eine Wand zu laufen? Falls dies der Fall ist, bist du möglicherweise noch nicht flexibel genug, um dich aufgrund von Feedback situativ und zielgerichtet anzupassen.

Wenn wir immer auf dieselbe Weise agieren und reagieren, werden wir stets das gleiche Ergebnis erzielen. Warum aber halten wir an Bekanntem so gerne fest? Natürlich aus Selbstschutz. Wer starr ist, braucht nicht spontan zu denken oder zu handeln. Alle Pläne sind schon im Kopf. Jedes Handeln und jeder Ausgang sind sicher. Wir müssen keine Risiken eingehen und können uns auf dem ausruhen, was schon immer war. Wir müssen uns nicht die Blöße geben, etwas falsch zu machen oder zurückzurudern, weil wir uns geirrt haben. Wenn alles nach Plan verläuft, fühlen wir uns gut.

Doch sich an Altbekanntem festzuklammern, sich gegenüber dem Unbekannten zu verschließen, neue Meinungen abzuwehren und stattdessen Vorurteile und negative Bewertungen zu kultivieren, ist ein Ausdruck mangelnder Flexibilität. Sie ist der Feind neuer Erfahrungen und Ergebnisse. Wer unflexibel denkt, fühlt und handelt, lebt immer auf die gleiche Art und Weise und wundert sich insgeheim, warum sich nichts ändert.

Eine flexible Person wird ihr Verhalten immer anpassen, wenn etwas nicht funktioniert. Sie versucht so lange etwas Neues, bis sie an ihr Ziel gelangt. Sie lässt sich nicht von unerwarteten Situationen oder Entwicklungen aus der Ruhe bringen, sondern kann sich jederzeit anpassen. Um die eigene Flexibilität zu steigern, können wir drei Grundannahmen des Neurolinguistischen Programmierens verinnerlichen:

1. Es ist besser, Wahlmöglichkeiten zu haben

Egal worum es sich im Leben handelt: Es ist immer vorteilhaft, eine Wahl zu haben. Noch besser ist es, über mehr als zwei Wahlmöglichkeiten zu verfügen. Haben wir keine Alternative, besteht ein Zwang, den vorgegebenen Weg zu beschreiten. Bei nur einer Wahlmöglichkeit müssen wir uns zwischen zwei Alternativen entscheiden. Ab drei Wahlmöglichkeiten sind wir in der Lage, uns frei zu entscheiden.

2. Wenn etwas nicht funktioniert, tu etwas anderes

Wir neigen dazu, bei Problemen und Herausforderungen immer das gleiche Verhalten zu zeigen, und verstärken es oft sogar. Wenn uns jemand nicht versteht, werden wir lauter, statt andere Worte zu wählen. Wenn wir uns zurückgewiesen fühlen, ziehen wir uns weiter zurück, statt einen Schritt auf den anderen zuzugehen. Wenn wir keine Lösung finden, grübeln wir ewig darüber nach, warum es nicht funktioniert, statt uns Wege zu überlegen, wie es funktionieren kann.

Mehr vom selben bringt uns nicht weiter. Stell dir einmal die Frage, wann du dich mit deinem Handeln in Sackgassen begibst. Schau dazu auf die Lebensbereiche Gesundheit, Partnerschaft, Arbeit, Geld, Familie, Lebensstil und geistiges Wachstum. Wo tust du immer das Gleiche und erwartest dennoch andere Ergebnisse?

3. Das flexibelste Element in einem System kontrolliert das System

Die Person mit der größten Flexibilität verfügt immer über mehr Wahlmöglichkeiten als alle anderen und hat somit den bedeutendsten Einfluss auf das System. Sie ist am besten in der Lage, unerwünschte Zustände zu verändern. Sie weiß, dass es stets besser ist, etwas Neues auszuprobieren, als an Dingen festzuhalten, die nicht funktionieren.

Flexibilität ist daher der einfachste Weg zum Erfolg. Wer sich gut an neue Situationen und Gegebenheiten anpassen kann, wird immer in der Lage sein, adäquat und zielorientiert zu reagieren. Um deine eigene Flexibilität zu trainieren, versuche einmal einen Tag lang, Gewohnheiten zu verändern: Du könntest dir zum Beispiel mit der anderen Hand die Zähne putzen, deine Uhr links statt rechts tragen, aus einer anderen Tasse trinken, einen neuen Arbeitsweg nehmen, Kollegen anlächeln, statt grimmig zu schauen, im Supermarkt andere Produkte kaufen, zum Spanier statt zum Italiener gehen, ein Hörbuch hören, statt fernzusehen, einen Freund anrufen, statt auf Instagram zu surfen. Die Möglichkeiten, deine Flexibilität im Alltag zu trainieren, sind schlichtweg unbegrenzt. Je öfter du das tust, desto flexibler wirst du in allen Belangen des Lebens.

Auch die Art der Fragen, die du dir selbst stellst, hilft dir dabei, dich in Flexibilität zu üben, mehr Wahlmöglichkeiten zu erzeugen und deine Ziele leichter zu erreichen. Hier kommt das magische Wort »wie« ins Spiel. Das »Wie« lenkt deinen Fokus auf deine Optionen. Wenn du das nächste Mal vor einer Herausforderung stehst, stell dir diese Fragen, um deine Flexibilität zu trainieren:

▶ »Wie kann es funktionieren?«

▶ »Wie kann ich es schaffen?«

▶ »Wie wird es möglich, mein Ziel zu erreichen?«

▶ »Wie können alternative Wege aussehen?«

▶ »Wie könnte ich 20 Wege zu meinem Ziel entwickeln?«

Wenn du dir Antworten auf diese Fragen überlegst, gewinnst du viele neue Erkenntnisse über deine Möglichkeiten.

Wie du in acht Schritten an dein Ziel gelangst

Lass uns nun das dargelegte Wissen über entschlossenes Handeln in einen konkreten Erfolgsplan überführen. Wenn du den nachfolgend beschriebenen acht Schritten folgst, wirst du deine Ziele mit großer Wahrscheinlichkeit erreichen.

So sieht die Grundstruktur des 8-Schritte-Plans aus:

1. Was ist der Ausgangszustand?
2. Welches Ziel verfolgst du?
3. Warum willst du dieses Ziel erreichen?
4. Wie sieht die Wegbeschreibung aus?
5. Was sind die Konsequenzen?
6. Aktiviere deine Ressourcen.
7. Begib dich in deine leuchtende Zukunft.
8. Nimm regelmäßig eine Kurskorrektur vor.

1. Was ist der Ausgangszustand?

Stell dir einmal vor, du bist ein Geheimagent. Eines Tages bekommst du einen Anruf: Du wirst noch am gleichen Tag auf eine wichtige Mission in ein exotisches Land entsandt. Wenig später sitzt du in einem Militärflugzeug, ausgestattet mit einem Fallschirm, Werkzeug, Proviant und einer Landkarte, auf der dein Ziel eingezeichnet ist. Über dem Zielgebiet springst du aus dem Flugzeug und landest mit deinem Fallschirm sicher auf dem Boden.

Nun gibt es zwei mögliche Entwicklungen der Geschichte: Bist du präzise genug gesprungen, weißt du, wo du dich befindest, kannst diesen Ort auf deiner Landkarte bestimmen und machst dich auf den Weg zu deinem Ziel. Weißt du nicht, wo du gelandet bist, nützt dir die beste Landkarte nichts, weil du nicht weißt, von wo aus du startest. Dein Ziel kannst du nur durch Herumirren finden.

Der erste Schritt in Richtung deines Ziels ist also zu erkennen, wo du stehst, was dein Ausgangspunkt ist. Um dir bewusst zu machen, wo dein Weg beginnt, kannst du diese Fragen beantworten:

▶ Wo stehe ich heute?
▶ Was ist mein Ausgangspunkt?
▶ Was ist noch nicht so, wie ich es haben will?

Wenn du diese Dinge für dich klärst, hast du den ersten Schritt auf dem Weg zu deinem Ziel gemacht.

2. Welches Ziel verfolgst du?

Du kannst nicht an ein Ziel kommen, das du nicht kennst. Wenn du in dein Auto steigst und losfährst, solltest du wissen, wo du hinwillst. Bestimme deine Ziele konkret und formuliere sie positiv.

3. Warum willst du dieses Ziel erreichen?

Wenn du weißt, warum du ein Ziel erreichen willst, bleibst du leichter am Ball und kannst deine Motivation aufrechterhalten. Kennst du dein Warum nicht, bringt dich jede aufkommende Schwierigkeit eher von deinem Weg ab. Ich gebe dir ein Beispiel: Stell dir vor, du sollst über einen 20 Zentimeter schmalen Balken laufen, der auf dem Boden liegt. »Kein Problem«, denkst du sicher. Nun stell dir vor, dieser Balken liegt in 20 Meter Höhe zwischen zwei Hausdächern. »*Niemals laufe ich da rüber!*«, denkst du jetzt wahrscheinlich. Was aber, wenn das andere Haus brennt und dein Kind auf dem Dach des brennenden Hauses steht? Dein Warum dürfte in diesem Fall sehr stark sein: Du willst dein Kind retten und wirst alles dafür tun. Ist unser Warum stark genug, kann uns kaum etwas aufhalten.

4. Wie sieht die Wegbeschreibung aus?

Nun geht es darum, Kriterien festzulegen, anhand derer du überprüfen kannst, ob du auf dem richtigen Weg bist. Hier kommen Ergebnisse als Indikatoren zum Tragen. Finde dazu Antworten auf diese Frage: »Anhand welcher Ergebnisse kann ich bestimmen, dass ich auf dem richtigen Weg bin?« So legst du das Fundament für korrigierende Maßnahmen, sobald du ein Feedback erhältst.

5. Was sind die Konsequenzen?

Alles im Leben hat zwei Seiten. Wenn du dich veränderst, hat das immer positive und negative Konsequenzen. Egal wie vielversprechend dein Ziel auch sein mag, du musst dafür bestimmte angenehme Dinge loslassen, und ebenso wird das Erreichen deines Ziels Konsequenzen haben, die dir nicht gefallen. Machst du dich selbstständig, gewinnst du an Selbstbestimmung, verlierst jedoch an Sicherheit. Wenn du eine fade Beziehung beendest, gewinnst du an Freiheit, verlierst jedoch an Nähe. Wenn du für einen Marathon trainierst, gewinnst du an körperlicher Fitness, musst dafür jedoch einen großen Teil deiner Freizeit opfern. Du solltest dir sehr präzise vor Augen führen, welche Gewinne und Verluste du verzeichnen wirst, wenn du dich auf den Weg zu deinem Ziel machst. Es geht darum, mit all den Konsequenzen einverstanden zu sein. Sonst wird dir die Motivation fehlen, an deinem Ziel dranzubleiben.

Um alle Konsequenzen deines Ziels zu durchdenken, kannst du das »kartesische Kreuz« einsetzen und diese Fragen beantworten:

Wenn du die Konsequenzen deines aktuellen sowie des gewünschten Zustands untersucht hast, kannst du dir zum Abschluss noch diese kraftvolle Frage stellen: »*Wovon kann das Neue ein Anfang sein?*« So wirst du deine Motivation stärken, dein Ziel nachhaltig zu verfolgen.

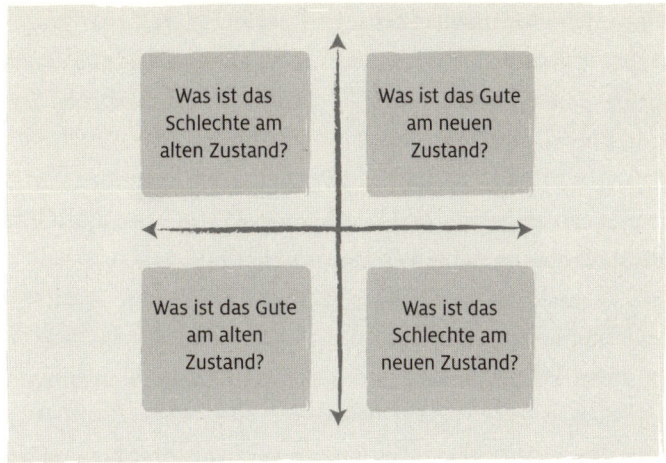

Kartesisches Kreuz der Zielzustände

6. Aktiviere deine Ressourcen

Zu deinen Ressourcen gehört all das, was deinen Motor zum Laufen bringt. Sie umfassen alle inneren und äußeren Aspekte, die du zum Erreichen des Ziels benötigst. Das können Umweltbedingungen, Menschen, materielle Güter, Erfahrungen, Talente, Fähigkeiten, Eigenschaften, Einstellungen oder Weltbilder sein, die dir deinen Weg zum Ziel erleichtern können. Überlege dir in Bezug auf dein Ziel: Welche inneren und äußeren Ressourcen hast du bereits zur Verfügung? Was kannst du richtig gut? Wo leuchtet dein Talent? Was hast du quasi von Natur aus mitgegeben bekommen? Was gibt dir Kraft? Wo bist du Herr oder Frau deiner Möglichkeiten? Welche Fähigkeiten und Fertigkeiten hast du? Was und wer unterstützt dich? Welche Ressourcen brauchst du noch? Was kannst du tun, um diese Ressourcen zu entwickeln oder zu bekommen? Lass deine Gedanken zu deinen Ressourcen ausgiebig schweifen.

7. Future Pace: Begib dich in deine leuchtende Zukunft

Der »*Future Pace*« (= Schritt in die Zukunft) ist eine Technik des Neurolinguistischen Programmierens, die eine Brücke aus der Gegenwart in die Zukunft baut. Ihre Wirksamkeit entsteht durch die Verankerung positiver Zukunftsbilder in unserem Unterbewusstsein. Wenn wir ein klares Bild von der Zukunft haben, kann unser Unterbewusstsein sich auf den Weg machen, dieses Ziel zu verwirklichen.

Eine Technik, die wir für den geistigen Schritt in die Zukunft verwenden können, ist die Wunderfrage. Diese wurde von dem amerikanischen Psychotherapeuten Steve De Shazer im Rahmen der »Lösungsorientierten Kurzzeittherapie« entwickelt. Inspiriert wurde er zu dieser Technik aufgrund der verzweifelten Aussage einer Klientin, die sagte: »*Vielleicht kann da nur noch ein Wunder helfen.*« De Shazer und seinen Kollegen wurde bewusst, wie wertvoll diese Perspektive zum Herbeiführen von Lösungen ist. Sie entwickelten daraus die Wunderfrage, die bis heute erfolgreich in Therapie und Coaching eingesetzt wird, um das Unterbewusstsein auf das Erreichen eines Ziels auszurichten. Und so funktioniert die Technik:

Nehmen wir einmal an, du gehst heute Abend ins Bett. Du schläfst ein und über Nacht passiert ein Wunder. Eine Fee kommt zu dir und berührt dich mit ihrem Zauberstab. Das Ziel, das du erreichen wolltest, ist mit einem Mal schon erreicht. Einfach so. Du merkst es nicht einmal. Und am nächsten Morgen weißt du auch nicht, dass und wie das Wunder geschehen ist, weil du geschlafen hast ... Um das Wunder zu ergründen, beantworte diese Fragen:

▶ Ist es ein heimliches Wunder oder bemerken es auch andere Menschen in deinem Umfeld?

▶ Wer wird die erste Person sein, die bemerkt, dass das Wunder geschehen ist? Woran merkt sie es?

- Welchen anderen Menschen wird es noch auffallen? Wie reagieren sie auf das Wunder?
- Was genau werden die Leute in deinem Umfeld bemerken?
- Wer wird am überraschtesten sein, jetzt, wo dein Ziel erreicht ist?
- Welche Veränderung in deinem Verhalten wird diese Person wahrnehmen?
- Was wird die andere Person daraufhin anders machen?
- Was wirst du an dir wahrnehmen, was dich ganz positiv überrascht?
- Was genau ist jetzt anders in deinem Denken, Handeln und Fühlen?
- Wer würde sich über die Veränderungen freuen? Wen würde es ärgern?
- Was ist jetzt für dich und andere gewonnen? Was ist verloren?
- Und woran merkst du es körperlich? Wo spürst du dieses Gefühl in deinem Körper besonders? Wie genau fühlt es sich dort an?

Idealerweise lässt du dir diese Fragen von jemand anderem stellen und begibst dich beim Antworten mitten hinein in deine leuchtende Zukunft.

8. Nimm regelmäßig eine Kurskorrektur vor

Abschließend geht es darum, immer wieder genau zu überprüfen, ob du auf Kurs bist. Dazu kannst du dir regelmäßig diese Fragen stellen:

- Befinde ich mich auf dem richtigen Weg oder gibt es Abweichungen, die zu korrigieren sind?
- Welche konkreten nächsten Schritte sind jetzt notwendig?
- Wie kann ich mein Ziel noch erreichen? Und wie noch? Und wie noch?

Überlege dir möglichst viele konkrete Wege, wie du deinen Kurs korrigieren kannst, und passe deine Route so lange flexibel an, bis du am Ziel angekommen bist.

Wachstumsstrategien für entschlossenes Handeln

Strategie 1: Ermächtigende Fragen
für zielführendes Handeln stellen

Überlege dir einmal, welche Qualität dein Verhalten in den einzelnen Bereichen deines Lebens hat. In Bezug auf deinen Körper, deine Arbeit, deine Familie, deine Partnerschaft, deinen Kontostand – wie zielführend sind deine Aktivitäten? Bekommst du schon uneingeschränkt die Ergebnisse, die du dir wünschst? Eruiere dafür diese Fragen:

▶ Was bringt mich in meinem Leben weiter und was bringt mir nichts?
▶ Welche meiner Aktivitäten sind bereits nützlich für mein Leben? Warum?
▶ Welche meiner Handlungen blockieren mich? Warum?
▶ Was will ich in Bezug auf mein Handeln verändern? Warum?

Strategie 2: Setze dir immer ein Ziel für dein Handeln

Du kannst ein Ziel nur erreichen, wenn du eins hast. Egal in welcher Situation du dich gerade befindest, mach dir immer klar, was dein aktuelles Ziel ist. Wenn du vor einer Aufgabe stehst, frag dich, welches Ziel du damit verfolgst. Wenn du ein Gespräch führst, kenne dein Gesprächsziel, egal ob du mit deinem Chef, Partner oder deinen Kindern sprichst.

Wenn du dich regelmäßig fragst:

▶ Was will ich erreichen?
▶ Was ist das Ziel?
▶ Was soll das Ergebnis sein?

wirst du schnell erkennen, ob deine Aktivitäten zielführend sind oder ob du sie anpassen solltest. So wirst du deine Kreativität und Flexibilität stärken und deine Ziele leichter erreichen.

Strategie 3: Mach mal was anders!

Was kannst du in deinem Leben anders machen, um dich in Flexibilität zu üben? Was ist überhaupt nicht »typisch« für dich? Hier sind ein paar Beispiele für alternatives Handeln: Geh in einen anderen Supermarkt und kauf völlig unbekannte Produkte. Lauf barfuß durch den Park. Geh nackt baden. Miete dir einen Sportwagen. Geh allein in ein neues Restaurant. Buche den gegensätzlichsten Urlaub im Vergleich zum letzten Jahr. Versuche etwas radikal anderes als das, was du normalerweise tun würdest. Schreibe dafür genau jetzt eine Liste mit 20 Dingen, die du in dieser Woche anders machen wirst.

Strategie 4: Finde 20 neue Wege zum Ziel

Fördere deine Flexibilität, indem du 20 neue Ansätze für deine Ziele entwickelst. Stelle dir dafür diese Fragen:

▶ Welches Ziel habe ich?
▶ Welche Strategie wende ich momentan an, um dieses Ziel zu erreichen?

Nun finde mindestens 20 mögliche neue Wege, wie du noch an das Ziel gelangen kannst.

Strategie 5: Drei hilfreiche Denkrahmen
für entschlossenes Handeln nutzen

Das Rahmen von Gedanken hast du im Kapitel über klares Denken bereits kennengelernt. Wenn wir ins Handeln kommen wollen, ist es unerlässlich, unser Denken entsprechend zu kanalisieren und den passenden geistigen Rahmen anzuwenden. Die folgenden Fragen helfen dir, dein Denken auf deine Ziele auszurichten:

1. Vom Problemrahmen zum Ergebnisrahmen:

Fragen im Problemrahmen	Fragen im Ergebnisrahmen
Was ist nicht in Ordnung?	Was will ich?
Was ist das Problem?	Wie kann eine Lösung aussehen?
Wer hat das Problem verursacht?	Was kann ich jetzt tun?

2. Vom Misserfolgsrahmen zum Feedbackrahmen:

Fragen im Misserfolgsrahmen	Fragen im Feedbackrahmen
Warum funktioniert es nicht?	Wie kann es funktionieren?
Warum bin ich schon wieder gescheitert?	Wie könnte ich mich verändern, um mein Ziel zu erreichen?
Warum gelingt mir das nicht?	Wie kann es mir gelingen?

3. Vom Unmöglichkeitsrahmen zum »Als-ob«-Rahmen:

Aussagen im Unmöglichkeitsrahmen	Fragen im Als-ob-Rahmen
Ich schaffe das nicht.	Was bräuchte ich, um es zu schaffen?
Ich weiß nicht, was ich tun soll.	Wenn es eine Lösung gäbe, wie könnte sie aussehen?
Ich verfüge nicht über die nötigen Fähigkeiten.	Wie kann ich die nötigen Fähigkeiten entwickeln?

***

Teil 2

STRATEGIEN GEGEN DIE 9 HÄUFIGSTEN MUSTER DER SELBSTSABOTAGE

1. Wie du über deine Angst hinauswächst

»Mut bedeutet, Todesangst zu haben
und trotzdem aufzusatteln.«
John Wayne

Wie sich Angst in unserem Leben zeigt

Angst ist eine unserer Basisemotionen und damit – genau wie die Liebe und der Tod – ein immerwährender Teil unseres Lebens. Im Alltag begegnet uns dieses Gefühl in den mannigfaltigsten Formen. Als Kinder haben wir Angst vor der Dunkelheit, dem Alleinsein und dem Monster unter dem Bett. Als Jugendliche haben wir Angst vor dem ersten Kuss, davor, nicht cool genug zu sein oder durch Prüfungen zu fallen. Als Erwachsene befürchten wir, im Hamsterrad zu stecken, verlassen zu werden oder zu scheitern. Im Alter fürchten wir uns vor Krankheit, dem Pflegeheim sowie davor, alleine zu sterben.

Doch was ist überhaupt Angst? Angst lässt sich definieren als alarmierendes Gefühl, das durch die Erwartung ausgelöst wird, dass ein vorgestelltes Ereignis Gefahr für uns bedeutet. Dies klingt ziemlich rational. Doch Angst ist natürlich alles andere als rational. Sie ist ein unvermittelt ablaufender Automatismus, der uns vor Gefahren schützen soll, häufig jedoch auch dazu führt, dass wir uns selbst sabotieren, denn viel öfter, als uns lieb ist, steuert Angst unser Denken, unsere Entscheidungen und unser Verhalten.

Was passiert, wenn wir Angst haben?

Immer, wenn wir Angst verspüren, kommt es in unserem Körper unmittelbar zu biochemischen Reaktionen und warnenden Körpersignalen, welche stets nach dem gleichen Prozess ablaufen:

▶ Über unsere Sinnesorgane nehmen wir einen Reiz wahr.

▶ Der Reiz wird in unserem Gehirn anhand unserer vergangenen Erfahrungen bewertet. Beurteilen wir die Situation als gefährlich, sendet unser Gehirn das Signal »Achtung, Gefahr!« an unser limbisches System, das Gehirnareal, welches für Emotionen, Lernen und Antrieb zuständig ist.

▶ Verschiedene Regionen des limbischen Systems, insbesondere die Amygdala, werden aktiviert und funken an unseren Körper den Befehl, Stresshormone auszuschütten, um uns in einen Kampf-, Flucht- oder Starremodus zu versetzen.

▶ Welche dieser drei Reaktionen wir zeigen, ist grundlegend von drei Faktoren abhängig:

  1. vom wahrgenommenen Gefahrengrad der Lage,
  2. von der ausgelösten Grundemotion: Kampf entsteht durch Wut, Flucht durch Angst und Erstarren durch Hilflosigkeit,
  3. davon, ob wir ein Schreck-, Kampf- oder Fluchttyp sind: Schrecktypen verfallen in eine Schockstarre, Kampftypen werden wütend, brausen auf und reagieren angriffslustig, Fluchttypen verschließen sich oder laufen davon.

Zu welchem Typ wir gehören, wird vermutlich durch unsere Veranlagung bestimmt, es kann sich jedoch durch Erfahrung und Lernen im Laufe des Lebens verändern.

Wir können Angst nie loswerden

Eine der größten Illusionen unseres Lebens ist, dass wir uns von unseren Ängsten befreien können. Wir können unsere Ängste jedoch nicht loswerden. Wir können sie nur verstehen und auf diese Weise überwinden.

Eine erste wichtige Erkenntnis, um unseren Ängsten ihre Macht zu nehmen, liegt darin, sie nicht mehr als negativ und einschränkend, sondern als positiv zu bewerten. Ängste sind grundsätzlich sehr wertvoll, weil sie uns vor Gefahren bewahren und uns dazu aufrütteln, anders zu handeln und neue Wege zu gehen. Schon seit Anbeginn der Menschheit dienen Ängste dazu, uns vor Angreifern und Katastrophen sowie anderen gefährlichen Situationen zu beschützen. Unsere Vorfahren hatten sozusagen sehr erfolgreich Angst, sonst würde heute kein Mensch mehr auf dieser Welt existieren.

Mittlerweile sind die meisten unserer Ängste jedoch nicht mehr überlebenswichtig. Und doch reagieren wir nach wie vor so, als ginge es immer um Leben oder Tod. Um diesen Automatismus aufzulösen, schauen wir uns zunächst einmal an, welche Formen Angst in unserem Leben annehmen kann.

Die fünf Grundängste

Denk einmal an die vielen Etiketten, die du deinen Ängsten anheftest. Ist es vielleicht Zukunftsangst, Verlustangst, Versagensangst, die Angst vor Ablehnung, vor Krankheit, vor dem Alleinsein oder etwa Angst vor Spinnen, vor Hunden oder vor großer Höhe? Egal welchen Namen du deinen Ängsten gibst, jede davon lässt sich mindestens einer von fünf Grundängsten zuordnen. Wenn du erkennst, welche Grundangst jeweils hinter deinen Ängsten liegt, wird es dir leichter fallen, diese zu verstehen und mithilfe bestimmter Maßnahmen zu überwinden.

Dies sind die Grundängste, die jeder Mensch in einem bestimmten Ausmaß in seinem Inneren trägt:

1. Angst vor Auslöschung: Das biologische Überleben sichern

Zu überleben hat für uns oberste Priorität. Daher hält die Angst vor Auslöschung uns am Leben. Angsttypen wie Höhenangst, Flugangst oder Angst vor Unfällen lassen sich auf die Angst vor Auslöschung zurückführen.

2. Angst vor Verstümmelung: Krank oder verletzt sein

Stark, unversehrt und leistungsfähig zu sein ist für uns erstrebenswert. Einerseits sichert dies unser biologisches Überleben und andererseits gewinnen wir daraus das Gefühl, ein wertvolles Gesellschaftsmitglied zu sein. Die Angst, Körperteile zu verlieren oder verletzt zu werden, entsteht durch die Angst vor Verstümmelung. Weitere Beispiele für diese Angst sind die Angst vor Tieren wie Spinnen, Schlangen oder Hunden sowie vor Krankheiten und Verletzungen.

3. Angst vor Autonomieverlust: Die Eigenständigkeit verlieren

Es ist ein menschlicher Drang, das Leben so gestalten zu können, wie wir es uns vorstellen, und unsere Unabhängigkeit zu wahren. Daraus resultiert die Angst vor Autonomieverlust. Wir befürchten, von anderen abhängig zu sein oder unsere Eigenständigkeit zu verlieren. Wir wollen weder durch äußere Umstände noch durch andere Menschen kontrolliert oder eingesperrt, gefangen oder überwältigt werden. Beispiele für diese Angst sind Klaustrophobie, Bindungsangst oder die Angst vor Altersarmut.

4. Angst vor Trennung: Kein Teil der Gemeinschaft sein

Die Angst vor Trennung ist der Gegenpol zur Angst vor Autonomie-verlust. Sie drückt unseren Wunsch nach Gemeinschaft aus. Wer Angst vor Trennung hat, fürchtet sich davor, nicht akzeptiert, verlassen, abgelehnt oder bewertet zu werden. Wir versuchen um nahezu jeden Preis, nicht aus der Gemeinschaft ausgeschlossen zu werden, weil wir uns sonst ungewollt, unwichtig und allein fühlen würden. Die Angst vor Trennung zeigt sich vor allem in sozialen Ängsten, wie zum Beispiel in der Angst, vor Gruppen zu sprechen, Angst vor Small Talk und auch in Bühnenangst.

5. Angst vor dem Ego-Tod: Das Gesicht verlieren

Die Angst vor dem Ego-Tod steht für die Angst, unser Gesicht zu verlieren. Unser Selbstwertgefühl ist fragil, und wir haben eine natürliche Tendenz, es zu schützen. Wir haben Angst vor Demütigung, Schande, Schuld und Scham, da wir befürchten, uns nicht mehr fähig und wertvoll, sondern unzulänglich und wertlos zu fühlen. So versuchen wir immer, unser Gesicht zu wahren. Die Angst vor dem Ego-Tod liegt sehr vielen Ängsten zugrunde, zum Beispiel der Angst vor dem Scheitern, der Angst, dumm auszusehen, sowie der Angst, von anderen negativ bewertet zu werden.

Um deine Ängste zu verstehen, kannst du einmal alle aufschreiben und den Grundängsten zuordnen. Typischerweise entstehen daraus sehr interessante Erkenntnisse über die eigene Psyche.

Die Angst vor dem Unbekannten eint uns alle

All unseren Ängsten liegt die universelle Angst vor dem Unbekannten zugrunde. Egal welche Angst wir spüren, in Wirklichkeit befürchten wir, nicht damit umgehen zu können, was die Zukunft uns bringen wird. Aufgrund seiner Unfähigkeit, die Zukunft vorauszusehen, entwickelt unser Verstand die Angst vor dem Unbekannten, die uns im Leben extrem einschränken kann.

Das Ziel der Angst vor dem Unbekannten besteht darin, uns in vertrauten Gefilden zu halten und uns dort Komfort sowie ein Gefühl von Kontrolle und Sicherheit vorzugaukeln. Wir Menschen haben ein tief verankertes Bedürfnis nach Sicherheit. Da die Tage unseres Lebens relativ gleichförmig ineinander übergehen und alles verhältnismäßig beständig bleibt, entsteht in uns die Illusion, wir hätten die Kontrolle über die Umstände unseres Lebens. Wir denken: »*Es war gestern so. Es ist heute so. Also wird es auch morgen so sein.*« So bewahren wir uns ein Gefühl der Sicherheit. Doch diese ist nichts als Fiktion. Wir können vieles nicht kontrollieren. Alles im Leben ist ungewiss und kann morgen anders sein. Wir wissen einfach nicht, was als Nächstes passiert.

Die Ungewissheit des Lebens zu akzeptieren und uns unsere Angst vor dem Unbekannten bewusst zu machen, ist ein sicherer Weg aus unseren Ängsten. Wir sollten uns immer wieder verdeutlichen, dass Angst häufig nur eine Geschichte ist, die wir uns selbst erzählen – um uns davor zu schützen, ins Unbekannte aufzubrechen und uns der Unsicherheit neuer Situationen zu stellen. Mit diesem Bewusstsein können wir unseren Geist darauf trainieren, Unbekanntes als Chance wahrzunehmen. So sind wir in der Lage, trotz unserer Ängste zu handeln.

Angst entsteht zuerst im Geiste

Das Interessante an der Angst ist: Egal ob wir uns etwas nur vorstellen oder tatsächlich Gefahr in Verzug ist, Angst ist für uns immer real. Wir fühlen sie bis ins Mark – ohne dass dafür irgendetwas im Außen passieren muss.

Dabei ist es in der Regel unsere Interpretation einer Situation, nicht die Situation selbst, die uns Angst macht. Es sind meist nicht die Gefahren, die uns ängstigen, sondern die Vorstellung von den Konsequenzen. Nicht etwa der Hund macht uns Angst, sondern die Vorstellung, wie er uns beißt. Nicht die Angst, vor Menschen zu sprechen, hält uns davon ab, auf der Bühne zu stehen, sondern die Angst davor, unser Gesicht zu verlieren, wenn wir unsicher wirken. Nicht der Sprung aus dem Flugzeug macht uns Angst, sondern die Befürchtung, dass der Fallschirm nicht aufgeht.

Angst lässt uns also Dinge fürchten, die noch gar nicht existieren – und mit hoher Wahrscheinlichkeit auch niemals existieren werden. Betrachten wir dazu die folgende Geschichte eines unbekannten Erzählers:

Die Todesliste des Bären

Große Aufregung im Wald! Es geht das Gerücht um, der Bär habe eine Todesliste. Alle fragen sich, wer wohl auf dieser Liste steht.

Als Erster nimmt der Hirsch allen Mut zusammen, geht zum Bären und fragt ihn:

»Entschuldige Bär, eine Frage: Steh ich auch auf deiner Liste?«

»Ja«, sagt der Bär, »du stehst auch auf meiner Liste.«

Voller Angst dreht sich der Hirsch um und läuft weg. Und tatsächlich, nach zwei Tagen wird er tot aufgefunden. Die Angst bei den Waldbewohnern steigt, und die Gerüchteküche, wer wohl auf der Liste stehen mag, brodelt.

Das Wildschwein ist das nächste Tier, dem der Geduldsfaden reißt und das darauf den Bären aufsucht, um ihn zu fragen, ob es auch auf der Liste steht.

»Ja, auch du stehst auf meiner Liste«, antwortet der Bär.

Verschreckt verabschiedet sich das Wildschwein vom Bären. Auch das Wildschwein findet man nach zwei Tagen tot auf. Nun bricht Panik bei den Waldbewohnern aus.

Nur das Häschen traut sich noch, den Bären anzusprechen.

»Hey, Bär, steh ich auch auf deiner Liste?«

»Ja, auch du stehst auf meiner Liste!«

»Kannst du mich da streichen?«

»Ja klar, kein Problem!«

Was kannst du aus dieser Geschichte über dich und deine Ängste lernen? Nimm dir einen Moment Zeit, um darüber nachzudenken. Welche Gedanken kommen dir in den Sinn? Möglicherweise, dass

▶ du meistens viel mehr Optionen hast, als du glaubst, und sie selten wahrnimmst?

▶ Annahmen zu selbsterfüllenden Prophezeiungen werden können?

▶ du dein Leben selbst in der Hand hast?

▶ sich viele Dinge verändern, wenn du sie hinterfragst?

▶ die richtigen Fragen dich im Leben weiterbringen und vor Gefahren bewahren können?

Wir können immer entscheiden, ob wir wie der Hirsch und das Wildschwein oder wie der Hase handeln wollen.

Lerne, Angst zu Ende zu denken

Ein Grund, warum wir mit unseren Ängsten nicht gut umgehen können, ist, dass wir sie nicht zu Ende denken. Wenn du zum Beispiel Angst hast, deinen Job zu verlieren, krank zu werden oder vor einer großen Gruppe von Menschen zu sprechen, fällt es dir wahrscheinlich schwer, deine Ängste zu überwinden, da sie sehr abstrakt sind. Handlungsfähig wirst du erst, wenn du dir klarmachst, wovor du dich konkret fürchtest. So kannst du die Konsequenzen benennen, die du vermeiden willst, und überlegen, was du stattdessen willst. Fokussierst du dich nur auf deine Angst, bleiben dir diese Möglichkeiten verschlossen.

Betrachten wir den Unterschied zwischen abstrakter Angst und konkreten Konsequenzen daher genauer. Wenn du Angst hast, vor einer großen Gruppe zu sprechen, was befürchtest du dann genau? Möglicherweise befürchtest du, dass du etwas Falsches sagen und dich lächerlich machen wirst, sodass dein Ansehen geschädigt wird und keiner der Zuschauer mehr mit dir befreundet sein will. Wenn du Angst hast, deinen langweiligen Job zu kündigen, befürchtest du vielleicht, dass du keinen besseren Job finden wirst, eine neue Anstellung dich zu sehr herausfordert oder dass du Chancen in deinem jetzigen Job verpassen wirst. Wenn du Angst hast, verlassen zu werden, befürchtest du möglicherweise, dich allein und wertlos zu fühlen, nie wieder einen Partner zu finden und einsam und allein zu sterben.

So können konkrete Befürchtungen aussehen, wenn du die Angst zu Ende denkst. Sobald du konkrete Befürchtungen erkennst, wirst du handlungsfähig und kannst gezielt über Möglichkeiten nachdenken, eine Situation zu verändern, statt dich durch deine Ängste lähmen zu lassen.

Angst durch Desensibilisierung überwinden

Die Konfrontation mit der Angst ist der schnellste Ausweg aus ihren Fängen. Einer der wirksamsten Wege, Ängste zu überwinden, ist daher eine gezielte Desensibilisierung, indem wir trotz Angst handeln – oder wie es John Wayne formulierte, indem wir »*aufsatteln, obwohl wir Todesangst haben*«.

Je öfter du dich deinen Ängsten stellst, desto mehr Macht nimmst du ihnen. Wenn du Angst hast, vor Publikum zu sprechen, finde Wege, in einem geschützten Rahmen zu üben. Wenn du Angst vor dem Scheitern hast, besuche einen Kurs in einem Improvisationstheater und lerne, wie du dich bewusst und mit Freude »lächerlich machen« kannst. Wenn du Angst vor Spinnen hast, geh in den Zoo und betrachte die Tiere aus sicherem Abstand.

Versuche, deinen Ängsten regelmäßig ins Auge zu blicken und trotzdem zu handeln. Dann haben sie immer weniger Macht über dich, lösen sich langsam auf und gehören bald der Vergangenheit an. Mit den folgenden Wachstumsstrategien bringst du Klarheit in deine Angstmuster und kannst sie nach und nach überwinden.

***

Wachstumsstrategien, mit denen du über deine Ängste hinauswächst

Strategie 1: Denke Angst zu Ende

Denke deine Angst bis zum Ende durch, indem du konkretisierst, was genau du befürchtest. Stelle dir diese Fragen und beantworte sie idealerweise schriftlich:

 Was befürchtest du? Sei so präzise wie möglich.

▶ Was ist das Schlimmste, was passieren kann?

- ▶ Wie könntest du handeln, wenn es eintritt?
- ▶ Was könntest du tun, um es zu verhindern?

Strategie 2: Wandle Angst in Aktion um

Wähle eine deiner Ängste und beantworte diese Fragen:

1. Optionen finden

- ▶ Was genau hast du bisher unternommen, um dich von dieser Angst zu lösen?
- ▶ Welche Glaubenssätze liegen deiner Angst zugrunde?
- ▶ Welche deiner Stärken und Fähigkeiten können dich dabei unterstützen, diese Angst zu überwinden?
- ▶ Wie würde jemand, der dich inspiriert, mit dieser Angst umgehen?
- ▶ Stell dir vor, du wärst völlig überzeugt davon, dass du deine Angst überwinden kannst. Was würdest du tun?
- ▶ Wie wirst du dich fühlen, wenn du deine Angst besiegt hast?

2. Handeln

- ▶ Was musst du vor allem anderen tun, um deine Angst zu überwinden?
- ▶ Wie kannst du dich desensibilisieren, das heißt, in welche Situationen kannst du dich begeben, um deine Angst abzubauen?
- ▶ Stell dir vor, du findest eine Wunderlampe. Ein allwissender Geist erscheint. Welche konkreten Handlungsschritte empfiehlt er dir, um deine Ängste zu überwinden? Was ist Schritt 1, 2, 3 etc.?

3. Dranbleiben

- ▶ Wie weichst du normalerweise deinen Ängsten aus?
- ▶ Was genau kannst du dieses Mal anders machen?
- ▶ Woran wird jemand anderes erkennen, dass du den ersten Schritt zur Überwindung deiner Angst gemacht hast?

Strategie 3: Nutze die Wahrscheinlichkeitsrechnung

Denke darüber nach, wie wahrscheinlich die befürchtete Situation ist. Realistisch betrachtet, ist ein positiver Ausgang genauso wahrscheinlich. Du glaubst lediglich aufgrund unserer evolutionär bedingten Neigung zum negativen Denken an einen schlechten Ausgang. Wenn du die Situation objektiv einordnest, werden sich deine Ängste schnell relativieren.

Strategie 4: Achte auf Gedankenfallen

Wenn wir Angst vor etwas haben, tappen wir häufig in bestimmte Gedankenfallen, die wir im Kapitel über klares Denken betrachtet haben. Insbesondere diese Gedankenfallen sind aktiv, wenn wir uns fürchten:

▶ Gefühle mit Fakten verwechseln

▶ Katastrophisieren

▶ Entweder-oder-Denken

▶ Übergeneralisierung

Stöbere noch mal in dem Kapitel, um dich mit diesen Selbstsabotagemustern vertraut zu machen und deine Ängste rational einzuordnen.

Strategie 5: Fokussiere dich sprachlich
auf Wünsche statt Ängste

Oft haben wir die Befürchtung, dass wir unsere Ziele nicht erreichen, weil uns irgendetwas Schlimmes passieren könnte. Durch »*Hoffentlich-passiert-das-nicht*«-Gedanken entwickeln wir Angst.

»*Ich hoffe, ich werde nicht gekündigt.*«, »*Ich hoffe, mein Partner verlässt mich nicht.*«, »*Ich hoffe, ich werde nicht scheitern.*« sagen wir zu uns im Geiste, erzeugen in uns Stress und verfallen in Angst.

Statt dir zu sagen »*Hoffentlich passiert ... nicht*«, formuliere den Satz in einen Wunsch um: »*Ich wünsche mir, dass ...*« Füge diesem Satz das positive Ergebnis hinzu, das du dir wünschst. Da es nur ein Wunsch ist, wird dein Unterbewusstes nicht dagegen protestieren.

2. Wie du unerschütterliches Selbstbewusstsein entwickelst

»Der Mensch ist das einzige Lebewesen,
das von sich selbst eine schlechte Meinung hat.«
George Bernard Shaw

Selbstablehnung zerstört
unser Selbstwertgefühl

»Ich bin nicht gut genug.« Diesen Gedanken kennt so gut wie jeder Mensch, egal was er in seinem Leben erreicht hat. Häufig kritteln wir an uns herum und können weder unsere Defizite noch unsere Fehlschläge akzeptieren. Selbstzweifel, Selbstkritik und Minderwertigkeitsgefühle nagen dann an uns und untergraben unser Selbstwertgefühl.

Wer unter fehlender Selbstakzeptanz leidet, versucht dies durch ausgeklügelte Gegenstrategien zu überwinden. Übersteigerter Ehrgeiz, Perfektionismus oder Süchte sind oft die innere Antwort darauf. Natürlich sind diese Gegenstrategien zum Scheitern verurteilt, denn sie geben den Betroffenen nie das, wonach sie wirklich dürsten: eine tiefe Anerkennung ihrer selbst.

Ursachen eines geringen Selbstwertgefühls

Wenn wir auf die Welt kommen, haben wir das volle Potenzial, starke, selbstbewusste, lebensfrohe Menschen zu werden. Was uns dazwischen kommt, ist unsere Erziehung.

Die meisten von uns werden von Menschen erzogen und in ihrer Persönlichkeit geformt, die selbst unter negativen Programmierungen, schädlichen Mustern und einem mangelnden Selbstwertgefühl leiden. Diese Menschen können uns nicht die Anerkennung, Wertschätzung, Liebe und Geborgenheit schenken, die wir bräuchten, um als Erwachsene unser volles Potenzial zu entfalten und über ein unerschütterliches Selbstwertgefühl zu verfügen.

So sollen wir schon im Kindesalter funktionieren und uns an Regeln anpassen. Permanent wird uns gesagt: »*Mach das nicht!*«, »*Fass das nicht an!*«, »*Sei still!*«, »*Hör auf!*«, »*Pass dich an!*«, »*Ich erwarte das von dir.*« »*Das war falsch.*«, »*Muck nicht auf!*« Wenn wir gelobt werden, dann am häufigsten für Anpassung und gute Leistungen. Bis wir erwachsen sind, ist es völlig normal, dass wir mit anderen verglichen und für Fehler bestraft werden. Man sagt uns, was wir dürfen, sollen, müssen und können und was nicht. Unzählige Male werden wir kritisiert, verletzt, zurückgewiesen und gemaßregelt. Die Ansichten derjenigen, die dieses Vorgehen selbst nie hinterfragen, werden uns eingepflanzt.

Diese Erfahrungen speichern und verinnerlichen wir in unserem Unterbewusstsein. Mit den destruktiven Botschaften unserer Vergangenheit werten wir uns noch als Erwachsene ab. Die Urteile und Bewertungen aus der Kindheit und Jugend sind Teil unserer Persönlichkeit und unseres Selbstbildes geworden. Als Erwachsene sind wir daher selbstkritische Persönlichkeiten und nicht die starken, gesunden und selbstbewussten Menschen, die wir sein könnten.

Wenn wir erkunden, welche Programmierungen in uns ablaufen,

und erkennen, dass wir durch diese eine selbstherabwürdigende Sicht auf uns selbst erzeugen, können wir damit beginnen, unser Selbstbewusstsein neu zu programmieren.

Die 3 Fragen unserer Seele

In unzähligen Situationen unseres Lebens stellt sich unser Unterbewusstsein diese drei Fragen:

▶ Bin ich gut genug?
▶ Bin ich willkommen?
▶ Bekomme ich, was ich brauche?

Die Antworten hängen nicht von objektiven Fakten ab, sondern einzig von unserer subjektiven Bewertung. Wenn wir aufgrund unserer Erfahrungen eine oder mehrere dieser Fragen oft genug mit Nein beantworten, entstehen daraus negative Programmierungen, die schließlich zu einem geringen Selbstwertgefühl führen und sich in negativen Überzeugungen wie diesen zeigen:

▶ »Ich bin nichts wert.«
▶ »Ich bin nicht gut genug.«
▶ »Ich bin nicht okay.«
▶ »Ich komme immer zu kurz.«
▶ »Ich bin hilflos.«
▶ »Ich bin schuldig.«
▶ »Ich bin ein Versager.«
▶ »Niemand liebt mich.«

Die Auswirkungen dieser Überzeugungen blockieren uns in unserer Leistungsfähigkeit, Schaffenskraft und Lebensfreude.

Der Schlüssel des Selbstbewusstseins:
Ein gesundes Selbstbild

Der Schlüssel, um ein stabiles Selbstwertgefühl aufzubauen, liegt darin, ein gesundes Selbstbild zu entwickeln. Ein gesundes Selbstbild legt den Grundstein für Selbstvertrauen, Selbstbewusstsein, Charisma, Erfolg und Erfüllung.

Unser Selbstbild ist Ausdruck unseres Selbstverständnisses. Wenn du in den Spiegel schaust, siehst du eine Reflexion deines Körpers. Doch dein Selbstbild ist viel mehr als diese sinnliche Wahrnehmung. Es entsteht in deinem Geist. Es ist wie eine mentale Blaupause deiner Persönlichkeit, dessen, wer du zu sein glaubst. Diese Blaupause hast du in deiner Vergangenheit entstehen lassen. Jede deiner positiven und negativen Erfahrungen, Erfolge und Niederlagen, Triumphe und Demütigungen sowie die Art und Weise, wie andere Menschen auf dich reagiert haben, hat in deinem Geist ein Bild von dir selbst erschaffen. So hast du im Laufe der Zeit deine eigene Definition dessen, wer du bist, hervorgebracht.

Wenn du dich fragst, welches Selbstbild du hast, kannst du dafür einfach dein Leben betrachten. Schau dir deine Arbeitssituation an, deine berufliche Stellung, dein Einkommen, deine Beziehungen, deine Gesundheit, dein Erscheinungsbild, den Grad deiner Selbstbestimmung und deine Freude im Leben. All diese Dinge sind Ausdruck deines Selbstbildes, denn es steuert, was du denkst, tust, fühlst und erlebst.

Um dein Selbstbild aufrechtzuerhalten, sucht dein innerer Beweisführer fortwährend nach bestätigenden Fakten. Wenn du genügend davon gefunden hast, weißt du, dass dein Bild von dir selbst stimmig ist. Schauen wir uns dazu ein Beispiel an. Stell dir vor, zu deinem Selbstbild gehört die Vorstellung: »*Ich kann nicht gut vor Menschen sprechen.*« Du wirst unbewusst alles dafür tun, dir zu beweisen, dass diese Überzeugung und damit dein Selbstbild stimmen. Wenn du in eine Situation kommst, in der du vor einer Gruppe etwas sagen oder präsentieren sollst, werden in deinem Unterbewusstsein Programme in Gang gesetzt, die dich daran hindern, deine Inhalte selbstbewusst wiederzugeben. Selbst wenn die Präsentation gut läuft und du positives Feedback bekommst, ändert das nichts an deiner Meinung über dich selbst. Du bist schließlich davon überzeugt, jemand zu sein, der nicht gut präsentieren kann. Du deutest die Situation folglich so, dass die anderen nur nett sein wollen, sich irren müssen oder schlichtweg keine Ahnung haben. Jeder Gegenbeweis zu deinem aktuellen Selbstbild wird mental ausgehebelt. So hältst du den Glauben an deine subjektiv wahrgenommene Unfähigkeit und dein Modell der Welt aufrecht. Auch jeder andere limitierende Glaubenssatz über deine Identität wird über diesen inneren Beweisprozess aufrechterhalten und beschränkt die Entfaltung deines Potenzials. Wenn du glaubst, du seist nicht schlau genug, um dich selbstständig zu machen, wirst du Beweise finden, warum das stimmt. Wenn du dich für einen faulen Menschen oder gar für einen Versager hältst, wirst du es dir ebenfalls beweisen.

Diesen Effekt kannst du allerdings auch nutzen, um ein starkes Selbstwertgefühl zu entwickeln. Dazu brauchst du nur genügend Beweise zu suchen, warum du gut genug, wertvoll und selbstwirksam bist – und zwar so, wie du im aktuellen Moment eben bist. Fängst du an, nach solchen Beweisen Ausschau zu halten und deinen Fokus entsprechend zu lenken, wird sich mit der Zeit dein Selbstbild anpassen. Und das zieht weitere positive Wirkungen nach sich:

▶ Du glaubst an dich und deine Fähigkeiten.
▶ Du kannst dich gut abgrenzen und deutlich Nein sagen.
▶ Du nimmst Kritik nicht persönlich.
▶ Du kannst dich selbst gut darstellen.
▶ Du lässt dich von dominanten Menschen nicht einschüchtern.

▶ Du rechtfertigst dich nicht für deine Bedürfnisse, Ziele und Wünsche, sondern stehst zu dir selbst.

Eine der wichtigsten Aufgaben in deinem Leben ist folglich, ein starkes Selbstbild zu entwickeln und so dein Selbstwertgefühl, Selbstvertrauen und Selbstbewusstsein positiv zu beeinflussen. Dein Ziel sollte sein, ein gesundes Glaubenssystem über dich und deine Identität zu erschaffen, denn so wird sich auch dein Leben unweigerlich positiv entwickeln. Wenn du insgeheim jedoch denkst: »*Ich kann nichts. Ich weiß nichts. Ich bin nichts*«, wirst du im Leben nicht sehr weit kommen.

Die einzig wirksame Strategie, um das Selbstwertgefühl zu erhöhen

Wir sind nie zu jung oder zu alt, um ein neues Selbstbild zu kreieren und so unser Leben zu verändern, denn unser Geist ist bis ins hohe Alter formbar. Wie gelingt uns diese Wandlung weg von einem limitierten und hin zu einem starken Selbstbild? Viele Menschen streben danach, sich mithilfe ihres Umfelds ein starkes Selbstbild aufzubauen. Sie suchen permanent nach Bestätigung und vergleichen sich mit anderen, um ihren eigenen Wert zu erkennen. Dabei kann es nur eine verlässliche Quelle geben, aus der wir unser Selbstwertgefühl nachhaltig schöpfen können. Das sind wir selbst. Betrachten wir diese Zusammenhänge genauer.

Quelle 1: Bestätigung von außen

Viele Menschen fühlen sich nur dann wertvoll, wenn sie Bestätigung von außen bekommen. Werden sie gelobt, finden andere sie toll und bewundern sie, schmeichelt das ihrem Ego. Daraus entsteht ein sehr fragiles Selbstwertgefühl. Sobald sie nicht mehr gelobt und bewundert werden, zweifeln sie an sich und werden immer mehr zum Bestätigungsjunkie, der im Außen nach seinem Selbstwert sucht.

Quelle 2: Vergleiche mit anderen

Uns mit anderen zu vergleichen, ist ein natürlicher Vorgang. Wir tun es permanent, weil wir das durch unsere Erziehung gewohnt sind, und es erfüllt uns mit Stolz, wenn wir besser als andere oder sogar der oder die Beste sind. Sobald allerdings jemand auftaucht, der besser ist als wir und uns damit in den Schatten stellt, zerfällt unser Selbstbild zu Staub und Asche. Da es immer jemanden geben wird, der besser ist, kann auch diese Quelle für unser Selbstwertgefühl rasch versiegen.

Quelle 3: Die innere Quelle

Menschen mit einem starken Selbstwertgefühl verlassen sich ausschließlich auf die einzige nachhaltige Quelle: sich selbst. Sie bewerten sich nach ihren eigenen Standards. Der einzige Mensch, der ihre Identität zerstören kann, sind sie selbst. Doch davon nehmen sie bewusst Abstand.

Wenn es dir gelingt, dein Selbstwertgefühl aus dir selbst heraus zu entwickeln, anstatt es aus dem Außen zu beziehen, hältst du den Schlüssel für Selbstvertrauen, Selbstbewusstsein und persönliche Wirksamkeit in deinen Händen.

Einen positiven internen Dialog entwickeln

Um uns selbst zur Quelle unseres Selbstwertgefühls zu machen, ist es unerlässlich, unseren inneren Dialog bewusst zu steuern. Wie klingt dein innerer Dialog? Bestärkst du dich damit? Bist du selbst dein größter Fan? Wenn es dir so geht wie den meisten Menschen, ist das vermutlich eher selten der Fall. Für die meisten von uns ist es völlig normal, häufig abwertend, herabwürdigend und selbstkritisch mit sich selbst zu sprechen. Sätze wie diese gehören für uns zur Normalität: »Ich Idiot.«, »Mann, bin ich blöd.«, »Nie sage ich das Richtige.«, »Der findet mich bestimmt doof.«, »Ich sollte doch wissen, was zu tun ist.«, »Ich sollte mich endlich mal entscheiden.«, »Warum bekomme ich nie den Hintern hoch?« Jeder andere würde uns die Freundschaft kündigen, wenn wir so mit ihm sprechen würden. Doch uns selbst so herabzuwürdigen, ist für uns anscheinend völlig in Ordnung. Dabei ist eine herabwürdigende Sprache einer der größten Feinde unseres Selbstwertgefühls. Mit unseren selbstkritischen und ablehnenden Worten halten wir uns klein. Niemand, der uns nahesteht, würde so ein harsches Urteil über uns fällen. Doch wir selbst sind darin meisterhaft. Wie nun schaffen wir es, uns nicht mehr zu kritisieren und herabzuwürdigen, sondern uns wertzuschätzen und positiv mit uns zu sprechen? Dafür können wir die folgenden drei Schritte anwenden:

1. Erkenne, dass dein innerer Kritiker nur die Stimmen der Vergangenheit wiederholt

Der erste Schritt zur Überwindung deines inneren Kritikers besteht darin zu erkennen, dass die negative Stimme in deinem Kopf nicht deine eigene ist. Sie ist das Echo der abwertenden Botschaften, die du in deiner Kindheit und Jugend so häufig gehört hast. Diese Botschaften der Strenge, des Mangels an Akzeptanz und des Verurteilens hast du verinnerlicht und spulst sie immer wieder von Neuem in deinem Kopf ab.

2. Höre deinem inneren Kritiker genau zu

Bist du dir bewusst, dass dein innerer Kritiker nur die Stimmen der Vergangenheit wiederholt, kannst du damit beginnen, ihn genau zu beobachten. Höre dir einmal einen ganzen Tag lang selbst aufmerksam zu und registriere, wie oft du abschätzig über dich redest oder denkst. Schreibe am besten auf, welche herabwürdigenden Sätze du immer wieder zu dir sagst. Du wirst möglicherweise erstaunt sein, wie oft dir negative Worte über dich selbst über die Lippen fließen.

3. Unterwandere deinen inneren Kritiker

Im dritten Schritt fängst du an, die Strategien deines inneren Kritikers bewusst zu unterwandern. Dazu kannst du dich an die Freiheitstechnik in Kapitel 1 erinnern. Reagiere auf bestimmte Reize wie etwa Fehlschläge oder Kritik nicht mehr impulsiv mit Selbstherabwürdigung. Stoppe deine automatischen Programme und wähle bewusst eine wohlwollende Sprache. Du weißt bereits, dass dein Gehirn jedes Wort, das es wahrnimmt, verarbeiten muss und so entsprechende Bilder in deinem Kopf entstehen. Die Aussage »*Was bin ich für ein Idiot?*« erzeugt ganz andere Bilder in deiner Vorstellung als der Satz: »*Ich war wirklich gut heute.*« Übe dich darin, negative Worte über dich selbst aus deinem Wortschatz zu streichen, da jedes Wort, das du über dich sagst, in deinem Unterbewusstsein Widerhall findet und bestätigt wird.

✳✳✳

Wachstumsstrategien für
unerschütterliches Selbstbewusstsein

Strategie 1: 120 positive Selbstbetrachtungen anstellen

Betrachte einmal dein Leben und schreibe 120 Dinge auf, die du gut kannst. Dabei kann es sich um alles Mögliche handeln. Denke an kleine und auch an große Dinge. Wenn du ins Stocken gerätst, mach eine Pause, doch bemühe dich, die Liste zu vervollständigen, auch wenn es Tage oder sogar Wochen dauern sollte. Diese Übung führt zu einem überaus positiven Ergebnis: Du erinnerst dich an Fähigkeiten, die du dir selten bewusst machst. Genau darin liegt oft das Problem. Wir bewerten das, was wir können, als normal und unbedeutend. Machen wir uns unsere Stärken bewusst, hat das eine große Wirkung auf unser Unterbewusstsein. Schiebe diese Übung daher nicht auf. Nimm jetzt dein Tagebuch oder ein Blatt Papier zur Hand und fange an, die Liste deiner positiven Selbstbetrachtung zu schreiben.

Strategie 2: Vergleiche dich intelligent

Wir wissen bereits, dass Vergleiche mit anderen unser Selbstbild formen. Wenn wir uns vergleichen, um uns inspirieren zu lassen, kann es unseren Selbstwert stärken. Meist ist allerdings das Gegenteil der Fall: Wir erkennen unsere Unzulänglichkeiten und fühlen uns demzufolge minderwertig oder unterlegen.

Wenn du dich das nächste Mal mit anderen vergleichst, wende stattdessen diese Strategien an:

▶ Wenn du dich schlecht fühlst, vergleiche dich nach unten. Rufe dir Menschen ins Bewusstsein, denen es viel schlechter geht als dir oder die weniger haben oder können als du.

▶ Wenn du etwas erreichen willst, vergleiche dich nach oben, und zwar mit einer Person, die das, was du vorhast, bereits gemeistert hat.

Suche nicht nach Unterschieden, sondern nach Gemeinsamkeiten zwischen dir und diesem Menschen. Dabei kann es sich um alles Mögliche handeln: um das Geburtsdatum, Hobbys, Sternzeichen, persönlichen Geschmack etc.

Vergleichst du dich auf diese Art, wirst du dein Selbstbild stärken, statt es zu schwächen.

Strategie 3: Erkenne, warum die Erwartungen anderer keine Rolle spielen

Es gibt kein Gesetz, das dich zwingt, die Erwartungen anderer Menschen zu erfüllen. Deine Familie, Lehrer, Chefs, Partner oder Freunde können nicht für dich bestimmen, wie du sein sollst. Im Gegenteil: Wenn du dich an die Erwartungen anderer anpasst, zerstörst du deine Selbstachtung und damit dein Selbstwertgefühl, weil du unbewusst genau weißt, dass du es nur tust, um zu gefallen, und nicht, weil es deiner Persönlichkeit entspricht. So bist du wie ein Vogel im Käfig, der nicht wahrnimmt, dass die Tür offen steht und er einfach losfliegen könnte. Stellst du hingegen deine eigenen Regeln auf, stärkst du deine innere Quelle des Selbstwertgefühls.

Strategie 4: Erfülle deine eigenen Standards

Menschen mit einem starken Selbstwertgefühl sind so selbstsicher, weil sie ihre eigenen Standards definiert haben und sich diesen konsequent verpflichten. Wenn du deine eigenen Werte und Maßstäbe kennst und diesen gerecht wirst, kann keine Ablehnung oder Unbeholfenheit in einer Situation dein Selbstwertgefühl angreifen. Denke daher einmal darüber nach, was deine eigenen Standards sind. Die folgenden Gedanken können dir als Inspiration für selbstwertsteigernde Standards dienen:

- Ich zeige mich authentisch. Ich stehe zu dem, wer ich bin, und lebe es ohne Scham, Reue oder Angst aus.
- Ich handele integer.
- Ich übernehme die Verantwortung für mein Leben.
- Ich tue das Richtige, nicht das Einfache.
- Ich gebe mein Bestes. Wenn das nicht reicht, verurteile ich mich nicht dafür.
- Ich weiß, dass ich mit all meinen Stärken und Schwächen genüge.
- Ich trenne meine Ergebnisse und mein Verhalten von meinem Wert als Mensch. Mein Selbstwert kann durch Fehler nicht gemindert werden.

Strategie 5: Bleib bei dir selbst

Die Meinung anderer ist uns oft sehr wichtig. So fragen wir uns ständig: *»Was denken die anderen von mir?«* Dabei denken die meisten in der Regel gar nicht über uns nach. Sie sind selbst viel zu sehr damit beschäftigt, sich zu fragen, was wir über sie denken. Daher bringt es uns viel weiter, wenn wir uns auf uns selbst konzentrieren.

Strategie 6: Erstelle die Hitparade deiner Selbstkritik

Schreibe einmal auf, mit welchen Sätzen du dich am häufigsten selbst kleinmachst. So erstellst du die Hitparade deiner Selbstkritik. Überlege dir dann, wie du dich stattdessen stärken könntest. Formuliere deine Aussagen zum Beispiel um, sodass sie das Gegenteil zum Ausdruck bringen, oder finde andere positive Kommentare. Schreibe diese ebenfalls auf und mach es dir zur Gewohnheit, auf negative Sätze zu achten. Diese ersetzt du dann unmittelbar durch deine positiven Statements.

Strategie 7: Fünf Euro für jede Selbstherabwürdigung sparen

Wirf jedes Mal, wenn du negativ über dich sprichst, fünf Euro in ein Glas. Zähle nach einer Woche das Geld und mach dir bewusst, wie oft du dich selbst kritisiert hast. Dann gönne dir etwas Schönes vom Verdienst deines inneren Kritikers und lobe dich dafür, dass dir aufgefallen ist, wann du negativ über dich gesprochen hast.

3. Wie du Bestätigungssucht loslässt

»Beifall lässt sich, wie Gegenliebe,
nur wünschen, nicht erzwingen.«
Goethe

Sind wir nicht alle ein bisschen süchtig nach Bestätigung?

Wir alle brauchen Anerkennung, Bestätigung, Wertschätzung und Liebe wie Luft zum Atmen. Werden sie uns entzogen, stellt das eine existenzielle Bedrohung für uns dar. Werden Menschen dauerhaft von anderen isoliert, verlieren sie ihre Interessen, ihren Antrieb, ihren Appetit und werden krank. Schließlich können sie sogar aufgrund der sozialen Isolation sterben. Ohne Verbindung zu anderen Menschen verkümmern sie emotional, geistig, seelisch und schließlich körperlich.

Ein natürliches Streben nach Anerkennung ist somit völlig normal. Schädlich wird dieser Wunsch erst dann, wenn aus ihm ein übermäßiges Bedürfnis nach Bestätigung wird. Dann brauchen die Betroffenen Bestätigung wie eine Droge. Genug ist nie genug. Sie werden zum Bestätigungsjunkie.

Die Erkennungsmerkmale
des Bestätigungsjunkies

Ein Bestätigungsjunkie fühlt sich nur dann vollständig, wertvoll und geliebt, wenn er in Bestätigung baden kann. Auf der Bühne des Lebens, mit vielen Zuschauern, fühlt er sich großartig. Dann ist er – zumindest für einen Moment – der Star. Doch wenn die Zuschauer weg sind, tritt meistens eine große Leere ein. So sucht ein Bestätigungsjunkie ständig nach dem nächsten Bestätigungskick, indem er solche Verhaltensweisen zeigt:

▶ Er verstellt sich, um zu gefallen, und dreht sich wie ein Fähnchen im Wind.

▶ Er sagt und tut Dinge, die er nicht wirklich will oder meint.

▶ Er will ständig im Mittelpunkt stehen.

▶ Er zeigt anderen gerne, was er weiß und kann.

▶ Er lässt immer wieder einfließen, wie erfolgreich er ist.

▶ Er kann auch schüchtern und zurückhaltend sein und erlangt seine Bestätigung in diesem Fall durch unterwürfiges Verhalten, indem er den Hilfsbereiten oder das arme Opfer spielt.

▶ Er verbreitet gerne schlechte Nachrichten, weil er damit Aufmerksamkeit auf sich zieht.

▶ Er provoziert die Bestätigung durch das andere Geschlecht.

Wird ein Bestätigungsjunkie nicht beachtet, ist er frustriert oder sogar beleidigt. Wird er zu häufig missachtet, kann er mit Ärger und Aggression reagieren oder in Selbstmitleid und Depression verfallen. Aufgrund seiner starken Sehnsucht nach Bestätigung schlägt er immer radikalere Wege ein, um diese zu erhalten.

5 Programme, die Bestätigungssucht auslösen

Wie kommt es zur weit verbreiteten Bestätigungssucht? Egal in welcher Form sie sich zeigt, die Sucht nach Bestätigung wird typischerweise durch fünf Programme verursacht:

Der Bestätigungssüchtige (1) will sein Grundbedürfnis nach Verbundenheit erfüllen, (2) erlebt Bestätigung als süchtig machenden Hormonrausch, (3) hat im Laufe des Lebens zahlreiche limitierende Glaubenssätze verinnerlicht, (4) spürt diffuse Ängste und (5) leidet an einem mangelnden Selbstwertgefühl.

Schauen wir uns die zugrunde liegenden Programme der Bestätigungssucht systematisch an.

1. Unser menschliches Grundbedürfnis nach Verbundenheit

Bereits unsere frühesten Vorfahren lebten in Gruppen zusammen, da sie so stärker und widerstandsfähiger waren, sich besser vor Gefahren schützen und effektiver jagen konnten. Jeder, der dazugehören wollte, musste sich an die Regeln der Gruppe halten, sonst wurde er ausgestoßen. Unsere sozialen Bedürfnisse sind daher tief in uns verankert. Heute zeigen sich diese Bedürfnisse als Drang nach Verbundenheit, Gemeinschaft, Zugehörigkeit, Anerkennung, Wertschätzung, Gerechtigkeit, Empathie, Geborgenheit, Intimität und Bestätigung. Werden diese Bedürfnisse frustriert, hat das gravierende Auswirkungen auf unsere Lebensqualität und letztlich unser Dasein.

2. Im Hormonrausch: Bestätigung macht uns high

Bekommen wir Bestätigung aus unserem Umfeld, werden wir davon regelrecht high. Dafür können schon ein freundlicher Blick oder ein Lächeln reichen. In unserem Gehirn werden sofort die Hormone Dopamin, Oxytocin und körpereigene Opiate ausgeschüttet. Wir

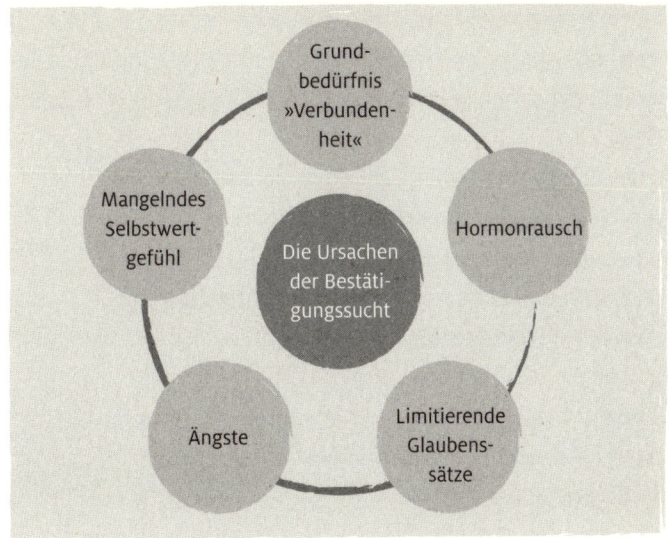

5 Programme als Ursache der Sucht nach Bestätigung

fühlen uns entspannt, stark und glücklich und sind regelrecht im Bestätigungsrausch. Manche Menschen können von diesem Feuerwerk der guten Gefühle nicht genug bekommen: Je häufiger sie diesen Rausch erleben, desto mehr sehnen sie sich erneut danach.

3. Limitierende Glaubenssätze als Basis für mangelndes Selbstwertgefühl

Viele von uns haben schon in ihrer frühen Kindheit erlebt, wie sehr Anerkennung und Liebe an Bedingungen geknüpft werden. Wenn wir brav waren, um Erlaubnis baten, unser Zimmer aufräumten und taten, was von uns erwartet wurde, zeigten unsere Eltern uns, dass sie uns schätzten und liebten. Hielten wir uns nicht an die Regeln und erfüllten die an uns gestellten Erwartungen nicht, wurden uns Liebe und Aufmerksamkeit oft entzogen. Nicht selten wurde Fehlverhalten mit Missachtung, Tadel oder Strafe geahndet. Aus diesem Erleben heraus entwickelten wir limitierende Glaubenssätze wie die folgenden, die sich – bis wir in die Schule kamen – tief in uns verankerten:

▶ Fehler und Fehlverhalten führen zu Liebesentzug und Strafe.
▶ Wenn ich tue, was von mir erwartet wird, bin ich okay.
▶ Wenn ich anderen gefalle, geht es mir gut.
▶ Wenn ich mich anpasse, bekomme ich Anerkennung.
▶ Andere wissen besser als ich, was ich brauche und was richtig für mich ist.
▶ Liebe tut weh.
▶ Wenn ich anders wäre, wäre ich in Ordnung.
▶ Ich bin nichts wert.

Dann kam die zweite Stufe der Erziehung zum Bestätigungsjunkie: die Schule. Der Weg zu Anerkennung, Bestätigung und Liebe führte auch hier in der Regel über Anpassung an Anweisungen und Regeln zum Ziel. Hier lernten wir, nicht über Ränder hinauszumalen, still zu sein, zu wiederholen, was man uns sagte, und nur dann aufzustehen, wenn wir die Erlaubnis dazu bekamen. Zu Hause ging es bei vielen von uns genauso zu: gute Noten – viel Anerkennung; schlechte Noten – Enttäuschung, Ablehnung oder gar Bestrafung. »*Pass dich an, dann bringst du es im Leben zu etwas!*«, lautete die Hauptbotschaft dieser Lebensphase häufig. Mögliche Spuren von Selbstverantwortung und Autonomie wurden in solchen Fällen im Keim erstickt. Regeln und Konventionen, die andere aufgestellt hatten, steckten das Spielfeld des Lebens ab. Die Glaubenssätze, die viele von uns in dieser Phase verinnerlicht haben, klingen zum Beispiel so:

▶ Die anderen sagen mir, was ich darf und was nicht.
▶ Spontane Bedürfnisse sind schlecht.
▶ Ich muss Erwartungen immer erfüllen, sonst werde ich bestraft.

- Es wird belohnt, wenn ich mich anpasse.
- Wenn ich lieb bin, bekomme ich Bestätigung.
- Ohne Fleiß kein Preis.
- Freu dich nicht zu früh.
- Gute Leistungen machen mich liebenswert.
- Wenn ich auffalle, bekomme ich Aufmerksamkeit, sowohl durch positives als auch durch negatives Verhalten.
- Ich mache nur Ärger.
- Ich bin schuld.
- Ich bin ein Opfer.
- Ich bin nicht normal.
- Niemand liebt mich.

Als Erwachsene haben viele von uns unzählige limitierende Glaubenssätze in unser Modell der Welt integriert. Die Weichen für ein geringes Selbstwertgefühl, dysfunktionale Beziehungen und das ständige Heischen nach Bestätigung sind gelegt, denn die frühen Prägungen behalten wir bei. Wenn wir früher für gute Leistungen gelobt wurden, ist uns in der Regel Erfolg im Leben sehr wichtig. Sollten wir früher hübsch sein, wird uns unser Aussehen viel bedeuten. Sollten wir uns anpassen, werden wir Bestätigung durch angepasstes Verhalten, Gehorsam und Dienerschaft suchen. Auch in Beziehungen versuchen wir, Anerkennung durch die gleichen erlernten Strategien wie im Kindesalter zu erlangen, und nicht selten meinen wir: Wenn es wehtut, muss es wohl Liebe sein.

4. Diffuse Ängste: Der Treiber der Bestätigungssucht
Betrachten wir nun, welche drei Ängste typischerweise hinter der Sucht nach Bestätigung stecken:

▶ Angst vor der Meinung anderer

Viele Menschen haben Angst, ihr Leben so zu gestalten, wie sie es sich wünschen, weil sie sich davor fürchten, was andere über sie denken und sagen könnten. Sie haben Angst davor, ihre eigenen Entscheidungen zu treffen und bei Missbilligung emotional bestraft zu werden. Solche Sätze sind typisch für Menschen, welche die Meinung anderer über ihre eigene stellen: »*Ich würde gerne kündigen und auf Weltreise gehen, aber was werden meine Eltern von mir denken?*«, »*Ich will keine Überstunden machen, aber was wird mein Chef von mir halten?*«, »*Ich muss arbeiten gehen, auch wenn ich krank bin, denn sonst denken meine Kollegen, ich sei ein Drückeberger.*«, »*Ich würde gerne meine Meinung sagen, aber was, wenn ich dafür kritisiert werde?*« Wenn wir unser Verhalten danach ausrichten, was andere von uns denken, machen wir uns zum Sklaven ihrer Meinung.

▶ Angst, andere vor den Kopf zu stoßen

Ist es normal für dich, auch mal Nein zu sagen, Bitten auszuschlagen oder Treffen abzusagen, wenn sich deine Pläne geändert haben? Kannst du die Erwartungen anderer unerfüllt lassen? Viele Menschen haben Angst davor, sich so zu verhalten. Sie wollen andere schließlich nicht verletzen oder arrogant und selbstbezogen wirken. Doch tatsächlich fürchten sie, dass andere Menschen sich von ihnen abwenden und ihnen ihre Liebe entziehen, wenn sie diese vor den Kopf stoßen. Statt ihre Bedürfnisse auszudrücken, folgen sie ihrer unterschwelligen Angst und halten sich ständig zurück, um bloß niemanden zu verletzen.

▶ Angst, sich lächerlich zu machen und Defizite zu offenbaren

Wir Menschen fürchten uns sehr davor, töricht zu wirken und uns lächerlich zu machen oder gar ausgelacht und abgelehnt zu werden. Doch wenn wir denken: »*Ich will möglichst schlau wirken und mich nicht lächerlich machen, denn so gefalle ich«*, gelingt uns das häufig nicht. Denn das Paradoxe an der Bestätigungssucht ist: Je mehr wir uns nach Bestätigung sehnen, desto weniger bekommen wir sie. Wenn wir uns anbiedern, nur um anderen zu gefallen, spüren diese es instinktiv und wenden sich eher von uns ab. Unsere Angst lähmt uns so stark, dass wir nicht mehr authentisch sind und ein Verhalten zeigen, das nicht unserem Wesen entspricht. Nichts lässt uns dümmer aussehen als der Versuch, nicht dumm auszusehen.

5. Das Selbstwertgefühl: Ein Miturheber der Bestätigungssucht

Ein mangelndes Selbstwertgefühl begleitet jeden, der sich zum Bestätigungsjunkie entwickelt hat. Wer tief in seinem Inneren davon überzeugt ist, wenig wert zu sein, wird immer danach dürsten, dass andere ihm Anerkennung entgegenbringen. Im Kapitel über unerschütterliches Selbstbewusstsein hast du bereits viele Strategien zur Überwindung von Minderwertigkeitsgefühlen und Komplexen erhalten. Auch die nachfolgenden Strategien unterstützen dich dabei, dein Selbstbild zu stärken und mehr Selbstvertrauen und Selbstbewusstsein zu entwickeln.

Ansätze gegen Bestätigungssucht

Die Bestätigungssucht ist eine Gewohnheit. Die zugrunde liegenden Programme schleifen sich über viele Jahre ein. Somit ist sie nichts, was sich per Fingerschnippen einfach so verändern lässt. Es erfordert Übung und neue Perspektiven, um die Sucht nach Bestätigung nach und nach loszulassen. Betrachten wir einige Denkmuster, die helfen, diesen Prozess zu beschleunigen.

1. Die 33-Prozent-Regel: Angst vor Ablehnung überwinden

Wenn wir selbstbestimmt leben wollen, sollten wir uns bewusst machen, dass es immer Menschen geben wird, die uns ablehnen. Selbst vielen berühmten Persönlichkeiten wie Walt Disney, Stephen King oder Oprah Winfrey wurde von anderen gesagt, sie seien unfähig. Doch diese Menschen ließen sich nicht davon beirren, sondern verfolgten so lange ihren Weg, bis sie ihre Ziele erreicht hatten. Mit ihrem Lebenswerk gingen sie in die Geschichte ein.

Hier kommt die 33-Prozent-Regel ins Spiel. Sie besagt, dass sich Menschen, die dir begegnen, in drei Kategorien einteilen lassen:

▶ 33 Prozent der Menschen finden dich gut.

▶ 33 Prozent der Menschen lehnen dich ab.

▶ 33 Prozent der Menschen bist du egal.

Du kannst dich also zurücklehnen und davon ausgehen, dass dich nicht jeder mögen wird – egal ob du Dinge wie die Mona Lisa, den Eiffelturm oder ein 12-Gänge-Menü hervorbringst.

2. Das Gestaltgebet

Ein wichtiger Schritt gegen Bestätigungssucht besteht darin, unsere Eigenliebe zu stärken. Dies gelingt, indem wir uns selbst den Respekt zollen, den wir uns von anderen so sehnlich wünschen. So sprechen wir andere Menschen bewusst von der Verantwortung frei, für unser Glück und unser Seelenheil zuständig zu sein. Diesen Gedanken drückt das Gestaltgebet von Fritz Perls, dem Begründer der Gestalttherapie, aus:

>*Ich bin ich. Du bist du. Ich bin für mein Leben verantwortlich und du bist für deines verantwortlich. Ich bin nicht dazu da, um deine Erwartungen zu erfüllen, noch bist du dazu da, um meine Erwartungen zu erfüllen. Wenn sich unsere Wege kreuzen, ist das wun-*

derschön, aber wenn nicht, werden wir uns getrennt voneinander fortbewegen müssen. Weil ich mich selbst nicht liebe, wenn ich mich selbst verrate, nur um dich glücklich zu machen. Ich liebe auch dich nicht, wenn ich will, dass du bist, wie ich das will, anstatt dich so zu akzeptieren, wie du bist. Du bist du und ich bin ich.«

3. Die Meinung anderer ist nicht das Maß aller Dinge

Nur zu leicht lassen wir uns davon beeinflussen, was andere über uns denken oder sagen. Kritik können wir nur schwer verdauen. Messen wir der Meinung anderer zu viel Bedeutung zu, können wir uns schnell minderwertig fühlen. Auf Dauer büßen wir unsere Selbstsicherheit ein und sind weniger erfolgreich, als wir es sein könnten. Es ist daher wichtig, die Meinung anderer richtig einzuordnen, denn jede Ansicht ist nichts weiter als das: eine Betrachtungsweise, nicht die absolute Wahrheit. Ihre Sicht auf die Dinge entwickeln Menschen aufgrund ihrer subjektiven Landkarten. Diese entstehen, wie wir gesehen haben, aufgrund individueller Erlebnisse und Erfahrungen, und deshalb gilt so oft: 100 Menschen, 100 Meinungen. Warum sollten wir unsere Sichtweise automatisch anpassen? Warum sollte eine andere subjektive Meinung selbstverständlich richtiger als unsere eigene sein? Nur wenn uns die Einstellung eines anderen ehrlich überzeugt, sollten wir unsere Haltung überdenken.

4. Konventionen hinterfragen

Jeden Tag treffen wir Entscheidungen, die unser Leben beeinflussen. Manche davon treffen wir, um Erwartungen unseres Umfeldes zu erfüllen, denn dies gilt als gesellschaftliche Tugend. Allerdings sollten wir darauf achten, nicht zu fremdbestimmten Erfüllungsgehilfen von Verpflichtungen und Regeln zu werden und unsere Individualität nicht zu verlieren.

Denn wir sind nicht auf dieser Welt, um so zu sein, wie andere uns haben wollen. Wenn wir unser Leben selbstbestimmt gestalten wollen, sollten wir tun, was für uns und nicht für die anderen richtig ist. Dafür müssen wir in Kauf nehmen, dass wir die Erwartungen anderer nicht immer erfüllen können oder sollten. Vielmehr sollten wir die uns auferlegten Konventionen immer hinterfragen und unsere eigenen Regeln aufstellen. Sonst breitet sich in unserem Leben irgendwann eine große persönliche Leere aus – die nicht selten in Depressionen, Angststörungen, Burn-out und Krankheit mündet. Wir sollten uns stets daran erinnern, dass wir unser eigenes Leben führen und nicht das anderer. Wir allein haben die Verwaltungshoheit über unser Leben. So gelingt es uns, aus unserer Anpassungstrance aufzuwachen und unser Leben nach unseren Wünschen zu gestalten.

Ist Anerkennung endlich?

Betrachten wir zum Abschluss die Kehrseite der Medaille: Obwohl wir alle Bestätigung, Anerkennung und Wertschätzung brauchen, geizen wir selbst damit so sehr, als wäre es ein endliches Gut. Ein aufrichtiges Lob geht uns oft nur schwer von den Lippen. Im Privatleben könnten wir unsere Familienmitglieder, Partner und Freunde so einfach glücklich machen, wenn wir öfter eine freundliche Bemerkung fallen lassen würden. Doch wie schwer wir uns damit tun. Für unsere Nächsten kann es extrem frustrierend sein, selten gelobt zu werden. Oft führt dies dazu, dass sie sich die Bestätigung anders holen, zum Beispiel durch Arbeitssucht, exzessiven Sport oder Affären. Auch im Berufsleben grenzt das Geizen mit Lob und Anerkennung an Schizophrenie, denn der Wunsch nach motivierten Mitarbeitern ist groß. Und doch gilt vielerorts der Grundsatz: Nicht geschimpft ist genug gelobt. Eine Leistung war gut, wenn niemand meckert. Schenken wir unseren Mitmenschen mehr Aufmerksamkeit, Bestätigung und Liebe, leisten wir einen Beitrag dazu, dass die Welt ein freundlicherer Ort wird.

Wachstumsstrategien, um Bestätigungssucht loszulassen

Strategie 1: Achte darauf, ob du dir die Meinung anderer zusammenfantasierst

Wenn du glaubst zu wissen, was andere über dich denken, ist das nichts weiter als eine Fantasie, da du keine Gedanken lesen kannst. Du kannst nie genau wissen, was andere denken, es sei denn, du fragst sie. Hüte dich davor, dir auf Verdacht etwas zusammenzureimen, denn das ist wahrscheinlich nichts anderes als das, was du über dich selbst denkst. Die Wahrheit ist meistens eine ganz andere.

Strategie 2: Nutze die 33-Prozent-Regel

Wenn du wieder einmal auf Ablehnung stößt, erinnere dich an die 33-Prozent-Regel, die besagt: 33 Prozent der Menschen finden dich gut, 33 Prozent lehnen dich ab, 33 Prozent bist du egal. Wenn du dies verinnerlichst, entwickelst du gegenüber anderen und ihrer Meinung bald eine neue Gelassenheit.

Strategie 3: Praktiziere »Random Acts of Kindness«

»Random Acts of Kindness«, das sind gute Taten, freundliche Gesten, kleine Aufmerksamkeiten, die wir anderen schenken. Beginne damit, die Menschen in deinem Umfeld häufiger aufrichtig zu loben und positiv zu bestärken. Sag deinem Partner, was du toll an ihm findest. Lobe deine Kinder, auch wenn sie keine guten Noten nach Hause bringen. Gewöhne dir an, Kollegen und Mitarbeitern deine Anerkennung auszusprechen, auch für kleine Dinge. Mache Fremden ein Kompliment. Sei immer öfter spontan freundlich und schenke anderen ehrliche Anerkennung und Bestätigung.

4. Wie du aufhörst,
mit der Vergangenheit zu hadern

»Es gibt keine Fehler, nur Feedback.«
Richard Bandler

Wieso wir die Vergangenheit nicht loslassen können

Im Kapitel über klares Denken sind wir der Negativneigung unseres Gehirns auf den Grund gegangen und wissen: Unser Geist haftet mit Vorliebe an negativen Ereignissen der Vergangenheit an. Manche Enttäuschungen, Verletzungen, Schuldgefühle und Misserfolge begleiten uns länger als so manche Krankheit. Aus evolutionärer Sicht ist dieser Mechanismus sehr sinnvoll, denn durch unsere Erinnerungen lernen wir, welches Verhalten uns Vorteile bringt und welches nicht. Machen wir eine negative Erfahrung, begreifen wir, dass wir uns in Zukunft möglichst anders verhalten sollten. Diese Information speichern wir über unsere Emotionen ab. Je größer der Schmerz, desto tiefer wird die Emotion verankert. Aufgrund dieses Zusammenhangs erinnern wir uns an negativ aufgeladene Situationen meistens noch lange sehr gut.

Die Negativneigung unseres Geistes stellt uns jedoch oft vor Probleme. Wenn wir an schmerzhaften Erfahrungen und Gefühlen festhalten, versetzt uns das in eine schlechte Stimmung, es nagt an unserem Wohlbefinden, trübt unsere Beziehungen zu anderen Menschen und hält uns davon ab, unsere Ziele zu erreichen, weil wir uns immer wieder mit der Vergangenheit beschäftigen und uns nicht selten zum Opfer der Umstände erklären.

Halten wir lange genug an solchen Gefühlen fest, beeinflussen sie erst unsere momentane Stimmung, dann unseren allgemeinen Gemütszustand, später unseren Charakter und schließlich unsere Lebenshaltung. So gibt es viele Menschen, die verbittert, depressiv und unglücklich sind, weil sie ihre Vergangenheit einfach nicht loslassen. Viele leiden noch 30, 50 oder 70 Jahre lang an alten Verletzungen und lassen ihr Leben davon dominieren. Dies können wir vermeiden, wenn wir solche Gefühle mithilfe geeigneter Techniken so schnell wie möglich verarbeiten.

Die Vergangenheit neu bewerten

Wie können wir der Vergangenheit anders begegnen? Sie faktisch zu verändern ist keine Option. Kein noch so starkes Gefühl wie Schuld, Scham, Trauer, Wut oder Aggression ist dazu in der Lage. Allerdings lässt sich die Vergangenheit in unserem Kopf umgestalten. Wir können bewusst dazu übergehen, sie anders zu betrachten, ihr eine neue Bedeutung beimessen und sogar Teile davon löschen. Die jüngste Forschung untersucht bereits, ob sich das Vergessen bewusst steuern lässt, ob wir also negative Emotionen und Erinnerungen absichtlich vergessen können. Die bisherigen Ergebnisse weisen darauf hin, dass wir durchaus dazu in der Lage sind, willentlich Informationen zu löschen. Doch die Wissenschaft ist noch nicht weit genug, um uns eine Anleitung für gezieltes Vergessen zu liefern. Bis diese entwickelt wird, können wir daran arbeiten, unsere Perspektive auf die Geschehnisse zu verändern und die Vergangenheit in ein neues Licht rücken. Richard Bandler, der Begründer des Neurolinguistischen Programmierens, beschreibt diese mentale Fähigkeit so: *»Es ist nie zu spät für eine glückliche Vergangenheit.«* Natürlich gelingt uns die Entwicklung einer neuen Sicht auf die Vergangenheit nicht, indem wir diese verdrängen oder uns ablenken. Es gelingt uns, indem wir der Vergangenheit mutig ins Auge blicken und sie so einordnen, dass sie nützlich für uns ist, statt uns zu belasten. Durch diese Neubewertung verändern sich die neuronalen Verknüpfungen unseres Gehirns und wir können eine neue Beziehung zur Vergangenheit aufbauen. Dies tun wir ohnehin ständig, denn unsere Erinnerungen verändern sich immerfort.

Unsere Erinnerungen sind nicht objektiv

Wer glaubt, Erinnerungen wären objektiv und bildeten genau ab, was wir erlebt haben, täuscht sich. Die Forschung zeigt, dass unser Gehirn die Vergangenheit nicht etwa wie einen Dokumentarfilm abspeichert, dessen objektive Bilder wir jederzeit abrufen und wiedergeben können. Stattdessen speichert unser Gehirn kurze Sequenzen von Bildern, Tönen, Gerüchen, Geschmackserlebnissen und Gefühlen ab. Welche Informationen gespeichert werden, hängt von unseren individuellen Filtern sowie der Bedeutung ab, die wir der Information zuschreiben.

Abgespeicherte Informationen sortiert unser Gehirn permanent um. Jedes Mal, wenn wir uns an etwas Vergangenes erinnern, verändern wir unser inneres Erleben der Situation. Gleichzeitig sind wir davon überzeugt, dass diese Version der Vergangenheit wiedergibt, was tatsächlich geschehen ist. Wenn wir allerdings heute jemandem erzählen, wie unser letzter Urlaub war, werden wir anders darüber berichten als zum Beispiel in einem Jahr. Unsere Erinnerungen sind stets lückenhaft, verzerrt und höchst subjektiv. Angesichts dieser Erkenntnis dürfte es uns bereits leichter fallen, die Vergangenheit loszulassen, da wir uns ohnehin nicht objektiv daran erinnern.

3 Fähigkeiten, um die Vergangenheit
positiv zu verarbeiten

Für einen positiven Umgang mit negativen Erlebnissen wie Enttäuschung, Schuldgefühlen oder Misserfolg können wir drei Fähigkeiten in uns stärken:

- ▶ Akzeptanz,
- ▶ die Fähigkeit zu vergeben und
- ▶ die Fähigkeit des Reframings, also des bewussten Umdeutens von Ereignissen.

1. Akzeptanz angesichts der Vergangenheit entwickeln

Wenn uns etwas Negatives widerfährt, denken wir oft: »*Ich wünschte, das wäre nicht passiert.*«, »*Ich wünschte, ich hätte anders gehandelt.*«, »*Ich wünschte, ich könnte die Zeit zurückdrehen.*« Hier begegnen wir erneut der Bedeutung von Akzeptanz. Sobald wir akzeptieren, was passiert ist, gelingt es uns leichter, negative Gefühle und Erinnerungen loszulassen. Mit diesen oder ähnlichen Gedanken kannst du mehr Akzeptanz entwickeln und Frieden mit der Vergangenheit schließen: »*Es ist, wie es ist. Es ist passiert. Es ist vorbei. Die Welt hat sich weitergedreht. Die Menschen, die betroffen sind, haben sich weiterentwickelt und ihr Leben mit ihren eigenen Themen und Herausforderungen weitergelebt. Auch für mich wird das, was geschehen ist, bald keine Rolle mehr spielen.*«

2. Uns in Vergebung üben

Sich und anderen vergeben zu können, ist eine hohe Kunst. Zu vergeben bedeutet, bekundete Reue anzunehmen und von Schuld freizusprechen. Hier sind ein paar Strategien, wie wir mehr Vergebung entwickeln können.

▶ Mentale Strategien gegen Selbstvorwürfe

Haben wir einen Fehler gemacht, zermürben wir uns oft mit Selbst-vorwürfen, Schuld- und Reuegefühlen und reden so mit uns: »*Wieso habe ich das bloß getan? Ich hätte es besser wissen müssen. Ich bin so ein Idiot.*« Doch Selbstvorwürfe nützen uns gar nichts.

Wenn unsere Gedanken von einer Niederlage besessen sind, ändert sich dadurch nichts am Ergebnis. Die Tragweite wird lediglich emotional verstärkt. Hier können wir uns bewusst machen, dass sich der Verlauf der Vergangenheit nicht verändern lässt. Doch wir können die Zukunft aktiv gestalten. Je schneller wir uns vergeben und so einen Schritt nach vorn machen, desto schneller sind wir in der Lage, lähmende Gedanken und Selbstvorwürfe hinter uns zu lassen.

▶ Mentale Strategien gegen das Muster, anderen Vorwürfe zu machen

Wenn jemand uns verletzt, ist Zorn eine normale Reaktion. Zudem neigen wir schnell dazu, dem anderen vorzuwerfen, dass er sich falsch verhalten hat, und unterstellen ihm möglicherweise Böswilligkeit oder zumindest Rücksichtslosigkeit. Doch das bringt uns in keiner Weise weiter.

Wir können uns stattdessen daran erinnern, dass andere Menschen stets im Rahmen ihrer Möglichkeiten und Bedürfnisse handeln. Jedes Verhalten hat eine positive Absicht – auch wenn wir es persönlich missbilligen. Wir können von niemandem erwarten, dass er sich so verhält, wie wir es wollen. Wenn wir ständig auf das vermeintliche Fehlverhalten anderer starren und nach Schuldigen suchen, machen wir uns automatisch zum Opfer. Erkennen wir allerdings an, dass jedes Verhalten eines anderen in dessen persönlicher Welt richtig und nutzenbringend erscheint, können wir ihm leichter vergeben. Denn anders, als wir häufig vermuten, steckt dahinter keine böse Absicht, sondern lediglich der Wunsch, die eigenen Interessen und Bedürfnisse zu wahren – und darauf hat jeder Mensch ein Anrecht.

3. Reframing – die Vergangenheit in ein neues Licht rücken

Egal was passiert ist, es steht uns immer frei, die Vergangenheit auf eine für uns hilfreiche Art zu bewerten. Dazu können wir verschiedene Frage- und Aussagesätze wie die folgenden einsetzen, die uns als Reframing-Instrumente dienen:

▶ »Wer weiß, wofür es gut ist?«
Oftmals sind die Dinge, die uns widerfahren, Geschenke, deren Wert wir erst viel später erkennen. Diese Geschichte eines unbekannten Verfassers beschreibt treffend, dass wir nie wissen können, wozu etwas gut ist:

Ein alter Mann lebte zusammen mit seinem einzigen Sohn auf einer kleinen Farm. Sie besaßen nur ein Pferd, mit dem sie die Felder bestellen konnten, und kamen gerade so über die Runden. Eines Tages lief das Pferd davon. Die Leute im Dorf kamen zu dem alten Mann und riefen: »Oh, was für ein schreckliches Unglück!« Der alte Mann erwiderte aber mit ruhiger Stimme: »Wer weiß ..., wer weiß schon, wozu es gut ist?«

Eine Woche später kam das Pferd zurück und führte eine ganze Herde wunderschöner Wildpferde mit auf die Koppel. Wieder kamen die Leute aus dem Dorf: »Was für ein unglaubliches Glück!« Doch der alte Mann sagte wieder: »Wer weiß ..., wer weiß schon, wozu es gut ist?«

In der nächsten Woche machte sich der Sohn daran, eines der wilden Pferde einzureiten. Er wurde aber abgeworfen und brach sich ein Bein. Nun musste der alte Mann die Feldarbeit allein bewäl-

tigen. Und die Leute aus dem Dorf sagten zu ihm: »Was für ein
schlimmes Unglück!« Die Antwort des alten Mannes war wieder:
»Wer weiß …, wer weiß schon, wozu es gut ist?«
In den nächsten Tagen brach ein Krieg mit dem Nachbarland aus.
Die Soldaten der Armee kamen in das Dorf, um alle kriegsfähigen
Männer einzuziehen. Alle jungen Männer des Dorfes mussten an
die Front und viele von ihnen starben. Der Sohn des alten Mannes
aber konnte mit seinem gebrochenen Bein zu Hause bleiben. »Wer
weiß …, wer weiß, wozu es gut ist?«

Wir können nie wissen, wohin uns Ereignisse in unserem Leben
führen. Vielleicht entsteht aus einem vermeintlichen Fehlschlag etwas sehr Wertvolles, ohne dass wir uns dies zum Zeitpunkt des Geschehens vorstellen können. Möglicherweise erleben wir auch einzig und allein deshalb etwas Gutes, weil wir zuvor eine vermeintlich
negative Erfahrung gemacht haben. Darüber hinaus sind unsere
Fehlschläge oft die Geschichten, die andere inspirieren und sie dabei
unterstützen, persönlich zu wachsen. Und auf diese Weise müssen
sie die gleichen Fehler nicht selbst machen.

▶ »Ist das ein Weltuntergang oder ein Mikrodesaster?«
Vieles erscheint uns zum Zeitpunkt des Geschehens wie ein Weltuntergang. Wenn wir einmal genauer hinsehen und uns fragen: »*Welche
Rolle spielt das Ereignis in der Gesamtbetrachtung meines Lebens wirklich?*«, wird uns schnell klar, dass es sich bei den meisten Dingen um
Mikrodesaster handelt, die irgendwann keine Rolle mehr spielen. Jedes negative Gefühl verschwindet irgendwann. Und dann ist das,
was passiert ist und was wir gesagt oder getan haben, nicht mehr
relevant. Irgendwann können wir uns nicht einmal mehr an unsere
Mikrodesaster erinnern. Oder wer weiß noch, welches Mikrodesaster heute vor zehn Jahren in seinem Leben von Bedeutung war?

▶ »Auch diese Situation und dieses Gefühl vergehen.«

Wir haben bereits erörtert, dass alles im Leben vergänglich und nichts von Dauer ist. Jede schmerzliche Erfahrung wird verblassen und vergehen. Wir werden wieder lächeln, glücklich sein und Erfolge feiern. Genauso werden wir wieder weinen, traurig sein und scheitern. Das ist unvermeidlich, weil es den natürlichen Lauf des Lebens beschreibt. Auf Sonne folgt Regen, folgt Sonne, folgt Regen. Die Frage ist, wie lange uns der Regen beschäftigt, wenn die Sonne wieder scheint.

Die Kunst des Scheiterns erlernen

Die Geschichten erfolgreicher Menschen klingen meist wie Glanz und Gloria. Von Zeiten voller Kampf, Zweifel, Ängste, Enttäuschungen, Sorgen, Fehlschläge, Probleme und Rückschläge hören wir selten. In unserem Geist entsteht dadurch das Bild, dass ihr Weg an die Spitze ein Spaziergang war. Doch das Gegenteil ist der Fall: Die meisten erfolgreichen Menschen sind viele Male gescheitert, bevor sie ihr Ziel erreichten.

Und trotzdem verabscheuen wir es zu scheitern, weil wir uns dann schämen, wertlos fühlen und denken, wir hätten unser Gesicht verloren. Manch einer versucht daher krampfhaft, durch akribische Planung jeden Fehler von vornherein auszuschließen. Andere vermeiden es sogar gänzlich zu handeln, nur um gar nicht erst das Risiko des Scheiterns einzugehen.

Doch leider gibt es keine Sicherheit in unserem Leben. Wir können nicht alles kontrollieren. Dinge gehen schief. Anderen Menschen unterlaufen oft sogar noch viel schlimmere Fehler. Denken wir nur einmal an die Fehler, die den gesamten Verlauf der Menschheitsgeschichte verändert haben. Napoleon ließ in maßloser Selbstüberschätzung seine »Grande Armée« nach Russland einmarschieren. Von 600 000 Soldaten kehrten nur 16 000 nach Frankreich zurück. Napoleon wurde verbannt und die Geschichte Europas neu geschrieben.

Kolumbus machte gravierende Fehler, als er griechische Seemeilen in römische umrechnete. Als wäre das noch nicht schlimm genug, basierten seine Berechnungen zudem auf fehlerhaften Annahmen hinsichtlich des Erdumfangs. So landete er in Amerika statt in Asien – und ebnete Spanien den Weg zur Weltmacht.

Die Beatles wurden von der britischen Plattenfirma Decca Records abgelehnt, weil Gitarrenbands *aus der Mode geraten« waren – und schrieben später unter dem Label EMI musikalische Weltgeschichte.

Der Turm von Pisa wurde auf Sand- und Lehmboden gebaut, neigte sich bereits kurz nach Baubeginn zur Seite – und ist heute eine der beliebtesten Attraktionen der Welt.

Für die Holländer war Australien »uninteressant«, als sie als erste Europäer landeten. Großbritannien konnte das Land dadurch 164 Jahre später zum Teil seines Kolonialreichs erklären.

Fehler passieren einfach jedem und sind manchmal unvermeidbar. Allerdings können wir immer kontrollieren, welche Haltung wir gegenüber dem Scheitern entwickeln und wie wir auf Fehlschläge reagieren. Wenn es uns gelingt, alles, was wir normalerweise als Fehler bezeichnen, als Feedback zur Anpassung unseres Verhaltens zu verstehen, können wir uns schnell von der Vergangenheit lösen. So bauen wir aus negativen Geschehnissen eine Treppe, anstatt uns Stolpersteine in den Weg zu setzen.

Unser Wert als Mensch bleibt
von unseren Fehlern unberührt

Wenn wir einen Fehler verzeichnen, machen wir daraus oft absolute Aussagen über unsere Identität wie: *»Ich bin gescheitert, also bin ich ein Versager.«* Wenn wir uns mit dem Scheitern identifizieren, richtet das einen verheerenden Schaden in Bezug auf unser Selbstwertgefühl und unsere Selbstsicherheit an. Ein teuflisches Spiel beginnt in unserem Kopf. Immer häufiger denken wir unbewusst: *»Das mache ich lieber nicht, denn ich könnte scheitern.«* Herausforderungen gehen wir aus dem Weg, denn jeder Fehlschlag fühlt sich für uns so an, als wäre er das Ende der Welt.

Solange wir unseren Wert als Mensch mit unseren Erfolgen und Misserfolgen vermischen, sind wir ewig zum Gefühl der Wertlosigkeit verdammt. Hätte Thomas Edison seine Fehlschläge zum Barometer seiner Selbstachtung gemacht, dann hätte er sich nach seinem ersten misslungenen Versuch zum Versager erklärt und sein Ziel, die Welt zu erleuchten, aufgegeben.

Nur weil wir einen oder viele Fehler gemacht haben, sind wir keine Versager. Unser Wert als Mensch ist nicht gesunken, denn wir sind nicht unsere Fehler. Grundsätzlich sollten wir nie von unseren Fehlschlägen auf unseren Selbstwert schließen, sondern unsere Fehler schlicht und ergreifend als Ergebnis bezeichnen, das wir nicht wollen. Anschließend sollten wir erneut in Aktion treten, um ein anderes Ergebnis zu erzielen. Statt uns auf unsere Defizite zu konzentrieren, können wir selbstwertstärkende Sätze wählen wie: *»Ja, ich habe versagt. Aber ich lehne es ab, mich dafür abzuwerten, weil ich nicht meine Fehler bin.«*

Wachstumsstrategien, durch die du nicht mehr mit der Vergangenheit haderst

Strategie 1: Deep Dive – Akzeptiere das Gefühl

Gefühle wollen gefühlt werden. Wenn wir etwas Niederschmetterndes erleben, tut uns das weh, manchmal nur ein wenig und manchmal fast unerträglich. Das ist okay. Wenn du so etwas erlebst, mach dir keine Vorwürfe. Versuche auch nicht, andere zu beschuldigen oder Gründe zu suchen. Verdränge nichts. Selbst wenn du einen Anteil daran hast, was geschehen ist, verurteile dich nicht dafür. Du bist ein Mensch und Menschen machen Fehler. Das ist unvermeidlich. Akzeptiere also den Fakt, dass das Geschehene eingetreten ist. Du kannst es nicht mehr ändern. Atme bewusst ein und aus und sei dir gewiss, dass dieses Gefühl garantiert vergehen wird – und zwar genau dann, wenn du es akzeptierst.

Strategie 2: Entscheide dich loszulassen

Gefühle loszulassen, ist immer eine Entscheidung. Du kannst jederzeit entscheiden, wie schnell du die negativen Erlebnisse der Vergangenheit loslassen und umdeuten willst. Beispielsweise kannst du deinen Fokus ohne Weiteres auf etwas anderes lenken, indem du zu dir sagst: *»Damit muss ich mich jetzt nicht befassen.«* Oder: *»Das ist aus einem bestimmten positiven Grund passiert. Ich weiß nur noch nicht, warum.«* Wenn du deinen Fokus auf etwas anderes lenkst, hast du dich bewusst entschieden, deine negativen Gefühle in Bezug auf die Vergangenheit loszulassen.

Strategie 3: Spiele das 24-Stunden-Spiel

Don Shula, einer der erfolgreichsten American-Football-Trainer in der Geschichte der National Football League, nutzte eine geniale Regel für seine Teams, die sie zu ungeahnten Erfolgen führte. Er war davon überzeugt, dass wir weder unsere Erfolge noch unsere Niederlagen hochstilisieren sollten, um in unserer Kraft zu bleiben, vorwärtszukommen und unsere Ziele zu erreichen. Wenn wir zu sehr in unseren Erfolgen baden, macht uns das Shula zufolge zu selbstsicher. Wir verlieren an Schwung und arbeiten weniger hart für unsere Ziele. Baden wir in unseren Niederlagen, so raubt uns das Energie und beeinträchtigt nachhaltig unsere Leistungsfähigkeit.

Deshalb gestattete Shula seinen Spielern und Mitarbeitern genau für 24 Stunden, einen Sieg überschäumend zu zelebrieren oder eine Niederlage zu reflektieren und zu verarbeiten. Er ermutigte jeden dazu, all die aufkommenden Gefühle währenddessen so tief wie möglich zu spüren. Nach 24 Stunden war es dann an der Zeit, Erfolg und Niederlage hinter sich zu lassen und sich fokussiert auf die nächste Herausforderung vorzubereiten.

Strategie 4: Mach dir klar,
dass Misserfolg dich sympathisch macht

Auch wenn du vielleicht daran zweifelst: Deine Fehlbarkeit macht dich sympathisch. Stell dir doch einmal einen Superhelden vor, der jeden sofort besiegt. Wäre das nicht eine unglaublich langweilige Geschichte? Mach dir bewusst, dass du schwach sein und Fehler machen darfst. Deine Geschichte mit all ihren Fehlschlägen ist es, die dich menschlich und interessant macht.

Strategie 5: Stoppe deinen inneren Kritiker

Wer ist am Werk, wenn du dich nach einem Fehlschlag richtig schlecht fühlst? Richtig, dein schlimmster Feind, dein innerer Kritiker. Es gibt kein Drama, das so überzeugend ist wie das Drama, das sich ständig in deinem Kopf abspielt. Fang also damit an, deinen inneren Kritiker genau zu beobachten. So kannst du seine perfiden Strategien erkennen und unterwandern.

Wenn du dich das nächste Mal nach einem Fehlschlag selbst abwertest, probiere diese Strategien aus:

▶ Lass dich von deinem inneren Kritiker siezen. Mit Formulierungen wie »Was haben Sie denn jetzt bloß wieder gesagt, Sie Idiot?«, verliert dein Kritiker ganz schnell seine Macht.

▶ Verändere die Stimmlage deines inneren Kritikers. Sprich die negativen Sätze mit einer quietschenden, hohen Frauenstimme oder einer sexy klingenden tiefen Männerstimme aus. Probiere so lange die Stimmlage zu verändern, bist du herzlich lachen musst.

▶ Sing dir deine Selbstkritik vor. Je mehr Pathos, desto besser.

Strategie 6: Lenke deinen Fokus mit den richtigen Fragen

Ein schneller Weg, um negative Gefühle loszulassen, besteht darin, mithilfe von Fragen einen anderen Fokus und eine neue Perspektive zu entwickeln. Dein Fokus sollte dabei auf die Zukunft statt auf die Vergangenheit sowie auf Lösungen statt Probleme gerichtet sein.

Wenn du deinen Fokus auf etwas Negatives lenkst, wirst du dich automatisch schlecht fühlen. Fokussierst du dich dagegen auf das Positive, fühlst du dich gut. Statt dich zu fragen: *»Wie konnte das nur passieren?«*, *»Warum habe ich das nicht anders gemacht?«*, *»Wieso habe ich das gesagt?«* kannst du dir diese Fragen stellen:

▶ Was ist das Positive an der Situation?

▶ Was kann ich daraus lernen?

▶ Wie komme ich dadurch in meinem Leben weiter?

▶ Was ließe sich verbessern?

▶ Was ist das Muster, das gerade in mir ausgelöst wird?

▶ In Bezug auf welchen Aspekt meiner Persönlichkeit kann ich mich jetzt weiterentwickeln?

▶ Was kann ich dafür tun?

Wenn du das nächste Mal mit der Vergangenheit haderst, denke konkret über diese Fragen nach. Hast du schon ein paar Antworten gefunden? Wenn ja, wie lauten sie? Verlange bei dieser Übung nicht von dir, sofort Antworten zu finden. Manche Antworten kommen erst viel später.

Strategie 7: Erkenne, dass du
die Gedanken anderer nicht kennst

Wenn wir denken, wir hätten unser Gesicht verloren, weil wir gescheitert sind, ist das meist nichts anderes als eine Fantasie. Wenn ein Freund alles gibt und trotzdem scheitert, halten wir ihn dann für einen Versager? In der Regel lautet unsere Antwort auf diese Frage: »Nein, natürlich nicht.« Wieso glauben wir dann, andere würden uns als Versager betrachten, wenn wir scheitern?

Hier sind drei Regeln, die gelten, wenn wir glauben, die Gedanken anderer zu kennen:

1. Wenn wir glauben zu wissen, was andere denken, ist das eine Fantasie. In Wahrheit ist das, was wir anderen andichten, oft nur das, was wir selbst über uns denken.

2. Jeder hat seine eigenen Herausforderungen, Probleme und Fehler, mit denen er umgehen lernen darf. Die anderen vergessen unser Scheitern viel schneller als wir selbst, weil sie viel zu sehr damit beschäftigt sind, ihre eigenen Defizite zu verdauen.

3. Wir gehen immer härter ins Gericht mit uns als andere. Oft sind wir sogar die Einzigen, die das, was passiert ist, so negativ bewerten. Andere bewundern vielleicht unseren Mut und wünschen sich, genauso entschlossen handeln zu können wie wir.

✳ ✳ ✳

5. Wie du ohne Ärger lebst

»An Zorn festhalten ist wie Gift trinken und erwarten,
dass der andere dadurch stirbt.«
Buddha

Tausend Gründe, uns zu ärgern?

In unserem Alltag begegnen uns zahllose Situationen, in denen wir uns ärgern können. Wir ärgern uns, wenn jemand uns warten lässt oder unfreundlich behandelt oder wenn wir enttäuscht oder kritisiert werden. Wir ärgern uns über Kollegen, die *»anscheinend nicht in der Lage sind, ihre Kaffeetasse in den Geschirrspüler zu stellen«*, oder über unseren Partner, der seine Socken lieber auf den Boden als in den Wäschekorb wirft. Wir ärgern uns, wenn uns der Bus vor der Nase wegfährt, wenn uns jemand nicht zurückruft oder wir etwas tun müssen, worauf wir keine Lust haben. Wir ärgern uns oft auch dann, wenn das, was wir uns vornehmen, nicht klappt und wir nicht vorwärtskommen.

Unsere Reaktionen auf solche Situationen sind dabei völlig unterschiedlich. Einige Menschen machen ihrem Ärger unmittelbar Luft und reagieren mit scharfen verbalen Attacken. Andere zeigen dem vermeintlichen Verursacher ihres Ärgers die kalte Schulter. Viele von uns fressen ihren Ärger in sich hinein und brüten lange über das Geschehene nach. Andere unterhalten sich ausgiebig mit Freunden oder Bekannten über die Sache oder Person, die sie so aufregt, um Zustimmung und Mitleid zu bekommen und ihrem Ärger so Luft zu machen. Wieder andere lenken sich ab, machen Sport oder konsumieren Genussmittel. Und manche Menschen nehmen Ärger mit Humor, deuten die Situation positiv um und suchen aktiv nach Lösungsmöglichkeiten. So gibt es unzählige Möglichkeiten, mit Ärger umzugehen. Doch welche ist die geeignetste Methode? Darauf gibt uns weder die Ärger- noch die Gerechtigkeitsforschung eine eindeutige Antwort, da ein gesunder Umgang mit Ärger von unterschiedlichen Faktoren und Annahmen abhängig ist.

Um zu ergründen, wie wir sinnvoll mit Ärger umgehen können, damit er uns nicht länger beherrscht, lass uns erkunden, was es mit dieser Emotion auf sich hat.

Was ist überhaupt Ärger?

Psychologisch betrachtet ist Ärger eine zweigeteilte Emotion, die aus diesen beiden Komponenten besteht: aus empfundenem Leid und einem Vorwurf, der sich daraus entwickelt. Das Leid entsteht durch Handlungen oder Unterlassungen, die wir als tadelnswert einstufen. Daraus leiten wir einen Vorwurf, eine moralische Bewertung ab, die schließlich den Ärger in uns auslöst. Gäbe es diese moralische Komponente nicht, würden wir nur Leid empfinden. Folglich hat Ärger vorrangig mit einer Verletzung unserer moralischen Werte zu tun. Wenn jemand gegen unsere Werte wie Höflichkeit, Pünktlichkeit, Ehrlichkeit oder Zuverlässigkeit verstößt, dann bewerten wir diese Werteverletzungen anhand der Absicht, die wir hinter dem Verhalten des anderen vermuten. So prüfen wir unbewusst immer, ob wir jemandem in einem solchen Fall

▸ Gedankenlosigkeit
▸ Rücksichtslosigkeit oder
▸ Böswilligkeit

unterstellen können. Je tadelnswerter wir die Absicht des anderen einstufen, desto größer ist unser Ärger. Glauben wir, jemand handelt lediglich gedankenlos, so ärgern wir uns weniger, als wenn wir annehmen, dass er sich rücksichtslos oder gar böswillig verhält. Wir interpretieren die Absicht des anderen natürlich immer nur aus unserer subjektiven Warte, sind aber überzeugt davon, dass unsere Sicht objektiv ist und der Wahrheit entspricht.

Natürlich sehen wir unseren Ärger nicht so differenziert. Wir erleben ihn als einheitliche Emotion, die uns oft einfach überwältigt und Affekthandlungen in uns auslöst. So hält uns dieses Gefühl immer wieder fest in seinen Klauen. Wir empfinden es als Automatismus, dem wir machtlos ausgeliefert sind.

Allerdings haben wir eine Wahl, wie wir mit Ärger umgehen. Denn er ist keineswegs eine unvermeidbare Reaktion auf bestimmte Situationen.

Ärger beeinflusst uns auf vier Ebenen

Bevor wir beleuchten, welche Handlungsoptionen wir in Bezug auf unseren Ärger haben, betrachten wir einmal seine Auswirkungen. Ärger beeinflusst uns grundlegend auf vier Ebenen: der körperlichen, der sozialen und der psychischen Ebene sowie in Bezug auf die Zielerreichung in der jeweiligen Situation.

1. Der Einfluss von Ärger auf unseren Körper

Ärger ist eine niedrigschwingende Emotion, die eine bestimmte biochemische Reaktion in unserem Körper auslöst und so eine unmittelbare Auswirkung auf unseren Organismus hat. Immer wenn wir von unserem Ärger überwältigt werden, wird unser Reptiliengehirn aktiv und ruft Kampf-, Starre- oder Fluchtimpulse hervor. Sofort kommt es zu einer Ausschüttung von Stresshormonen. Unser Blutdruck steigt, der Puls fährt hoch, der Atem wird schnell und flach, und ein Gefühl der inneren Unruhe entsteht. Besonnenes, überlegtes Handeln ist nahezu unmöglich.

Wenn wir oft »hochkochen«, steigt dadurch das Risiko von Krankheiten. Zwar muss regelmäßiger Ärger nicht zwangsläufig zu langfristigen Beeinträchtigungen der Gesundheit führen, doch Untersuchungen belegen, dass das Risiko einer Schädigung von Herz und inneren Organen steigt, wenn wir ständig auf eine ungesunde Art und Weise mit Ärger umgehen.

2. Der Einfluss von Ärger auf unsere sozialen Beziehungen

Je nachdem, wie wir mit Ärger umgehen, kann unser Verhalten einen positiven oder negativen Effekt auf unsere sozialen Beziehungen haben. Durch Ärger können unsere Beziehungen belastet, gefährdet, zerstört oder aber gefördert und gestärkt werden, indem wir über unsere unerfüllten Bedürfnisse sprechen, die hinter dem Ärger stehen, und gemeinsam nach Lösungen suchen. Hier gilt nicht das Motto »*Wenn ich mich nicht ärgere, ist alles gut*«, denn auch das Unterdrücken und »Schlucken« von Ärger wird unterschwellig einen Effekt auf die jeweilige menschliche Beziehung haben. Um unsere Beziehungen zu stärken, sollten wir den für uns persönlich hilfreichsten Umgang mit dieser Emotion finden.

3. Der Einfluss von Ärger auf unsere Psyche und unser seelisches Wohlbefinden

Auch auf unser seelisches Wohlbefinden hat Ärger eine starke Auswirkung. Unser Wohlbefinden hängt zu einem großen Teil davon ab, inwieweit unsere Bedürfnisse erfüllt sind. Ob und wie stark wir uns ärgern, wird daher unter anderem dadurch bestimmt, in welchem Ausmaß unsere Bedürfnisse frustriert werden. Ärger kann daher ein wichtiger Wegweiser zu unseren Bedürfnissen sein und uns Hinweise darauf geben, welches davon in einem bestimmten Moment nicht erfüllt ist. Dabei kann es sich um jedes beliebige Bedürfnis wie zum Beispiel die Sehnsucht nach Freiheit, Kreativität, Identität oder Zugehörigkeit handeln. Ärgern wir uns, verleihen wir immer wieder unseren unerfüllten Bedürfnissen Ausdruck. Häufig bleiben diese Prozesse jedoch in unserem Unterbewusstsein verborgen. Daher lohnt es sich, in einer entsprechenden Situation zu hinterfragen, welches Bedürfnis möglicherweise gerade verletzt wird.

4. Der Einfluss von Ärger auf den Grad unserer Zielerreichung
Grundsätzlich soll uns unser Ärger auch dabei unterstützen, unsere Ziele zu erreichen, da durch Ärger Handlungsenergie entstehen kann, die uns in Bewegung bringt. Der Grad der Zielerreichung hängt stark vom jeweiligen Ziel sowie von unserer Reaktion auf den Auslöser des Ärgers ab. Andere anzuschreien wird kaum dazu führen, dass wir neue Freunde gewinnen. Uns zurückzuziehen und jemandem die kalte Schulter zu zeigen, wird keine Klärung der Sache bewirken und außerdem die Beziehung schädigen. Unsere Ärgerreaktion sollte daher immer zu unseren jeweiligen Zielen passen. Dieser Aspekt rückt jedoch im Eifer des Gefechts oftmals stark in den Hintergrund.

Lassen wir uns von unserem Ärger zum Gefangenen machen?

Wir können stets frei entscheiden, wie wir auf eine Situation reagieren. Selbst wenn wir uns gekränkt, verletzt, verhöhnt, ungerecht behandelt oder betrogen fühlen, können wir die Art unserer Reaktion bestimmen, und genau darin liegen unsere Freiheit und der Grad unserer Selbstbestimmung, wie wir im Kapitel über die Dimensionen unserer inneren Welt gelernt haben.

Möglicherweise denkst du jetzt: »*Ja, aber Ärger ist doch ein ganz normales Gefühl. Mein Ärger ist einfach da, wenn mich jemand oder etwas aufregt. Und sich zu ärgern ist doch gesund, denn wenn ich keinen Dampf ablasse, bekomme ich Magengeschwüre.*«

Grundsätzlich ist das zutreffend, denn Ärger ist durchaus ein nützliches Gefühl. Er gibt uns ein Zeichen, dass etwas nicht richtig läuft, jemand unsere Grenzen überschritten hat oder uns daran hindert, uns frei zu entfalten. Die Emotion selbst ist also nicht das Problem, sondern unser Umgang damit. Solange wir auf bestimmte Situationen oder Personen automatisch mit Ärger reagieren, bleiben wir ein Opfer der Umstände und vergeuden einen Teil unserer wertvollen und endlichen Lebensenergie.

Wie können wir auf gesunde Weise mit Ärger umgehen?

Die Ärgerforschung empfiehlt unterschiedliche Umgangsformen mit Ärger. Manche Wissenschaftler wie etwa der Psychiater Theodore Rubin befürworten einen spontanen, heftigen Ausdruck des Ärgers, da sich dieser durch die Entladung nicht negativ auf Körper und Psyche auswirken kann, was durch eine Unterdrückung dieser Emotion oft der Fall ist. Auch Beziehungen werden so langfristig gestärkt, da die Verhältnisse klar sind und nichts unausgesprochen schwelt. Der Nachteil dieses Vorgehens liegt allerdings darin, dass der soziale Umgang in der Gesellschaft von einem höheren Grad an Aggressivität geprägt ist, wenn jeder seinem Ärger stets uneingeschränkt Luft macht.

Andere Ärgerforscher wie die Psychologen Rolf Verres und Ingrid Sobez empfehlen, die Emotion zunächst unzensiert wahrzunehmen. Erst danach sollten wir bewerten, ob der Ärger angemessen ist. Je nachdem, wie wir die Lage einschätzen, können wir dann bewusst handeln, um so zur Lösung des Problems beizutragen. Danach lassen wir sowohl den Ärger als auch die Situation insgesamt mental los.

Unabhängig vom Kontext sind bestimmte Reaktionen hilfreich, um Ärger schnell zu verarbeiten, eigene Bedürfnisse zu erfüllen und persönliche Ziele zu erreichen. Das ist mittlerweile gut belegt. Generell sind
- verbale Angriffe,
- Rückzug,
- Unterdrückung des Ärgers,
- Grübeln und
- Selbstvorwürfe hinderlich.

Als hilfreiche Reaktionen auf Ärger auslösende Situationen gelten
- eine friedfertige Lösungsorientierung,
- eine positive Umdeutung der Situation und der zugrunde liegenden Absicht,
- Zugewandtheit dem anderen gegenüber sowie
- das Vermeiden von Selbstvorwürfen.

Zusammenfassend lässt sich festhalten, dass die passende Reaktion auf Ärger immer etwas Individuelles ist. Jeder muss für sich selbst entscheiden, welche Art und Weise für ihn stimmig ist, um negative Auswirkungen dieser Emotion zu vermeiden.

Ärgerauslöser aufspüren

Interessanterweise liegen unserem Ärger oft bestimmte Überzeugungen zugrunde, die uns dazu veranlassen, verärgert auf Fremde, Kollegen, Chefs, Freunde und Partner zu reagieren. In der Regel ist eine der folgenden fünf limitierenden Überzeugungen aktiv, sobald wir Ärger verspüren.

1. Wir wollen, dass andere unsere Erwartungen erfüllen

Wenn wir uns ärgern, wünschen wir uns oft, dass sich die Welt und andere Menschen nach unseren Vorstellungen richten. Die unbewusste Haltung hinter diesem Wunsch lautet: »*Erfülle meine Erwartungen! Sei so wie ich! Verhalte dich so, wie ich es will!*« Wir Menschen neigen dazu, uns als Zentrum der Welt und das Maß aller Dinge zu halten, und wir erwarten, dass alles stets so funktioniert, wie wir es uns vorstellen. Hier lohnt es sich, einmal innezuhalten und zu reflektieren, ob sich die Erde wirklich nur um uns dreht, ob wir immer beurteilen können, wie die Dinge zu sein haben, und ob unsere Regeln uneingeschränkt für andere Menschen gelten.

2. Wir entziehen anderen das Recht, so zu sein, wie sie sein wollen

Wie wir gelernt haben, steckt hinter unserem Ärger immer eine moralische Bewertung. Wenn wir verärgert sind, denken wir typischerweise: »*Ich bin im Recht, wie kann das bezweifelt werden?*« Doch neben unserer Meinung gibt es unzählige andere Wahrheiten. Menschen dürfen sich im Rahmen der Legalität und ordnungsstiftender Normen anders verhalten, als wir es wollen. Es ist ihr gutes Recht – genauso wie es unser Recht ist, uns so zu verhalten, wie wir es wollen. Wenn jemand keine Lust hat, die Zahnpastatube zuzuschrauben, den Toilettendeckel zuzuklappen oder die Küche sofort nach dem Kochen aufzuräumen, so ist das seine Entscheidung, nicht unsere.

Wenn es das Lebenskonzept von jemandem ist, zu meckern, zu lästern und andere permanent zu kritisieren, so ist das seine Sache. Wenn jemand gerne über seine Verhältnisse lebt, so ist das ebenfalls seine Angelegenheit. Wir können anderer Meinung sein und dies auch zum Ausdruck bringen, doch die Wahl, sich zu verändern oder eben nicht, liegt bei unserem Gegenüber.

3. Wir wollen die Vergangenheit ungeschehen machen

Wenn etwas passiert ist, woran wir selbst einen entscheidenden Anteil haben und worüber wir uns ärgern, wünschen wir uns oft, wir hätten uns anders verhalten. Am liebsten würden wir das Ereignis ungeschehen machen. Uns quält das Gefühl, dass die Vergangenheit anders hätte ablaufen können, wenn wir nur anders gehandelt hätten. Doch egal was wir tun, die Vergangenheit wird sich nicht mehr ändern.

Was wir allerdings tun können, ist, anders über die Vergangenheit zu denken und das Geschehene neu zu interpretieren. Beispielsweise können wir uns in solchen Momenten daran erinnern, dass das Ereignis im Gesamtbild unseres Lebens in der Regel keine große Rolle spielt.

4. Wir fühlen uns insgeheim schuldig

Wenn wir uns über etwas oder jemanden ärgern, wollen wir uns oft nicht eingestehen, dass wir mit unseren Entscheidungen und unserem Verhalten zur Situation beigetragen haben. Wenn wir uns zum Beispiel ärgern, weil wir etwas nicht finden können, machen wir uns unbewusst Vorwürfe, weil wir nicht sorgsam genug waren und den Gegenstand vielleicht verloren haben. Sind wir wütend, weil uns der Bus vor der Nase wegfährt, werfen wir uns selbst unbewusst vor, nicht zeitig genug aufgebrochen zu sein. Wenn wir mit jemandem streiten, wissen wir eigentlich genau, dass auch wir etwas zum

Streit beigetragen haben. Allerdings wollen wir all das häufig nicht wahrhaben und verstärken dadurch unseren Ärger.

Wir sollten uns eingestehen, welchen Anteil wir an einer Situation haben. Dabei hilft es, wenn wir nachsichtig mit uns sind. Es ist kontraproduktiv, uns selbst Vorwürfe zu machen, denn damit verändern wir nichts an der Situation. Zudem halten wir den Ärger aufrecht, richten ihn gegen uns selbst und schädigen darüber hinaus auch unser Selbstwertgefühl.

5. Der Sekundärgewinn: Ärger gibt uns ein gutes Gefühl

Manchmal finden wir es insgeheim gut, uns ärgern zu können, denn so können wir uns als »*armes Opfer, dem Unrecht getan wurde*«, sehen. Wir bekommen dann Mitleid, Zuspruch und die Zuwendung anderer, was sich positiv auf unser aktuelles Wohlbefinden auswirkt. Dem »Schuldigen« gegenüber fühlen wir uns moralisch überlegen und so gehen wir als vermeintlicher Gewinner aus der Situation hervor. Eine echte positive Wirkung entsteht durch diese Strategie jedoch nicht. Weder wird das Problem einer Lösung nähergebracht, noch fühlen wir uns vom Auslöser des Ärgers befreit.

Beende den Ärgerautomatismus

Wie du bereits im Kapitel über das 5-Kompetenzen-Modell gelernt hast, erschaffst du dein Erleben in jedem Moment selbst, nämlich über den fünfstufigen Prozess deines Wahrnehmens, Denkens, Fühlens, Sprechens und Handelns. Ärgerst du dich über etwas, läuft dieser Prozess wie bei anderen Affekten innerhalb von Sekunden oder gar Millisekunden unbewusst ab. Wenn du deinen Ärger loslassen willst, verfügst du schon jetzt über die Fähigkeit, diese Emotion zu kontrollieren beziehungsweise gar nicht mehr entstehen zu lassen.

Wie bei jeder Spielart der Selbstsabotage kannst du der Willkür des Ärgers entkommen, indem du bewusst Einfluss auf die fünf Kompetenzen deiner Psyche nimmst. Betrachten wir einmal genauer, wie sich die fünf Prozesse beim Ärgern gestalten und welche Lösungsmöglichkeiten du hast.

1. Unbewusste Wahrnehmung

Es gibt einen Auslöser, der Ärger in dir aufsteigen lässt. Im Normalfall handelt es sich um eine dieser vier Ursachen:

▶ Deine Grenzen werden überschritten.

▶ Deine Werte werden verletzt.

▶ Deine Bedürfnisse werden frustriert.

▶ Jemand zeigt in deinen Augen ein tadelnswertes, also ein gedankenloses, rücksichtsloses oder böswilliges Verhalten.

Lösung: Bewusst ins Hier und Jetzt gehen

Wenn du deine Sinneswahrnehmung auf deine Empfindungen im Hier und Jetzt richtest und diese neutral beschreibst, gewinnst du Zeit, um deine Gedanken zu untersuchen und neu auszurichten. Verlagere deine Aufmerksamkeit dafür zunächst auf den gegenwärtigen Moment und höre damit auf, dich auf deine Bewertung der Situation zu konzentrieren. Konzentriere dich stattdessen auf die Wahrnehmung deiner Sinne und frage dich in dem Moment, in dem du dich ärgerst:

▶ Was genau sehe ich jetzt gerade?

▶ Was genau höre ich jetzt gerade?

▶ Was genau rieche ich jetzt gerade?

▶ Was genau schmecke ich jetzt gerade?

▶ Was genau spüre ich jetzt gerade?

2. Unbewusste Gedanken

Aufgrund deiner Wahrnehmung entstehen blitzschnell Gedanken, die unmittelbaren Ärger auslösen. Diese können je nach Situation sehr unterschiedlich aussehen, zum Beispiel so: *»Was erlaubt der sich?«, »Warum habe ich das gesagt?«, »Wieso habe ich nicht besser aufgepasst?«*

Lösung: Verändere dein Denken

Nimm im nächsten Schritt wahr, was genau du gerade denkst. Sobald du deine Gedanken bewusst beobachtest, kannst du sie anpassen und eine höher schwingende Emotion in dir hervorrufen. Da dein Denken rasend schnell abläuft, wirst du vielleicht nicht sofort erkennen, was gerade in deinem Geist abläuft. Doch je öfter du deine Gedanken aufmerksam betrachtest, desto seltener bist du deinem Ärger ausgeliefert, da du nun frei entscheiden kannst, welche Gedanken du förderst und welche Gefühle du somit unmittelbar in dir erzeugst. Mit etwas Übung kannst du beispielsweise denken: *»Hier bin ich und dort ist die Person oder die Sache, die mich ärgert. Wir sind keine Einheit. Ich habe die freie Wahl, wie ich mich fühle, und ich entscheide mich bewusst dafür, nicht wie ein Automat mit Ärger zu reagieren, sondern die Verantwortung für meine Reaktionen zu übernehmen.«* Du kannst auch einfach eine Situation ohne Wertung beschreiben, zum Beispiel so: *»Ich ärgere mich darüber, dass er oder sie das gesagt oder getan hat.«* Dann schiebst du sofort hinterher: *»Aber ich steigere mich nicht wie gewohnt in das Gefühl hinein.«*

3. Unbewusste Gefühle

In vielen Situationen gelingt es uns nicht, unsere Gedanken konstruktiv zu verändern und unsere Gefühle auf diese Weise zu steuern. Dann meldet sich sofort der emotionale Autopilot und verkündet: *»Okay, verstanden! Es ist jetzt an der Zeit, Ärger zu empfinden.«* Du spürst diese Emotion dann unmittelbar, meist in Kombination mit Gefühlen wie Sorge, Enttäuschung oder Traurigkeit.

Lösung: Nimm Einfluss auf deine Gefühlslage

Die eigenen Gefühle zu steuern ist nicht immer einfach, besonders wenn unser Reptiliengehirn durch unseren Ärger aktiviert ist. Dann ist es fast unmöglich, ruhig und rational zu reagieren. Gelingt es dir allerdings, wie in der vorherigen Strategie beschrieben, die Kontrolle über deine Gedanken zu übernehmen, versetzt du dich in die Lage, aktiv und positiv mit deinem Gefühlszustand umzugehen.

4. Unbewusste Sprache

Auch auf der sprachlichen Ebene kannst du deine Gefühle unmittelbar beeinflussen. Normalerweise sagst du vielleicht so etwas wie: *»So ein Idiot! Was bildet der sich ein?«*, oder: *»Ich könnte mir in den Allerwertesten beißen!«*

Lösung: Verändere deine Sprache

Durch die bewusste Wahl deiner Sprache unterstützt du deine gewünschte emotionale Reaktion. Betrachten wir dazu zwei Sätze:

▶ »Dieser Idiot, das verzeihe ich ihm nie!«
▶ »Ich akzeptiere, dass der andere gewählt hat, anders zu handeln, als ich möchte. Daraus ziehe ich meine Konsequenzen.«

Welcher Satz ist hilfreicher, um mit der Ärger auslösenden Situation umzugehen? Natürlich werden uns Sätze der zweiten Kategorie eher dabei helfen, unseren Ärger schnell loszulassen. Wir können unsere Emotionen bewusst steuern, indem wir genau wählen, wie wir mit uns und anderen sprechen.

5. Unbewusstes Handeln

Je nachdem, wie du eine Situation bewertest, handelst du. Vielleicht greifst du jemanden verbal an, fängst an zu weinen oder gehst weg.

Lösung: Verändere dein Verhalten

Wenn du dich ärgerst, kannst du bewusst eine Übersprunghandlung wählen, um den Ärger schnell loszulassen. Jemand hat dich kritisiert? Ruf einen Freund an und erzähle ihm von deinem letzten beruflichen Erfolg. Du bist versetzt worden? Nutze die Gelegenheit und geh zum Sport. Wurden deine Erwartungen enttäuscht? Nimm ein ausgiebiges Bad. Du wirst erstaunt sein, wie schnell du durch Tätigkeiten, die nichts mit der Situation zu tun haben, auf andere Gedanken kommst. So kannst du dich beruhigen und deine Antwort auf den Ärger bewusst wählen. Vielleicht gelingt es dir nicht sofort, dich nicht mehr unwillkürlich zu ärgern, da der Ärger wie viele andere negative Emotionen eine Gewohnheit ist. Je öfter du dir allerdings bewusst machst, dass du auch andere Wahrnehmungsausschnitte, Gedanken und Gefühle wählen kannst, wirst du dich allmählich vom Ärger befreien.

***

Wachstumsstrategien, mit denen du die Kontrolle über deinen Ärger übernimmst

Strategie 1: Werde dir deiner Gedanken bewusst

Wenn du deinen Ärger beenden willst, ist es hilfreich, Klarheit über deine Gedanken zu gewinnen. Anhand dieser Fragen gelingt es dir, diesen auf die Schliche zu kommen.:

▶ Worüber oder über wen ärgere ich mich gerade?

▶ Warum ärgert mich die Situation?

▶ Welches Gefühl begleitet meinen Ärger? Ist es Trauer, Angst, Verzweiflung, Sorge oder ein anderes Gefühl?

- Womit würde ich den Ärger gerne ersetzen, wenn ich es könnte?
- Was hindert mich genau jetzt, dieses andere Gefühl zu empfinden?
- Was könnte ich denken, um dieses Gefühl zu erzeugen?

Geh so lange auf mentale Wanderschaft, bis du hilfreiche Gedanken entdeckt hast, und folge ihnen.

Strategie 2: Sprich es aus

Willst du deinen Ärger schnell loslassen, solltest du ihn zunächst neutral wahrnehmen und akzeptieren.

Wenn du die Situation benennst und neutral beobachtest, statt sie unmittelbar zu bewerten, schaffst du eine innere Distanz zu der Sache oder Person, die dich ärgert. Formuliere dazu konkret, wer oder was dich ärgert und warum. Dann beschreibe dein Gefühl in dem Moment, ebenfalls ohne es zu bewerten oder dich hineinzusteigern. Das kann zum Beispiel so klingen: *»Ich ärgere mich darüber, dass ich kritisiert wurde.«, »Ich bin traurig über das Ergebnis, weil ich mir so viel Mühe gegeben habe.«, »Ich ärgere mich über mich selbst, weil ich es nicht besser gewusst habe.«, »Ich ärgere mich darüber, dass er sich so verhalten hat.«*

So gelingt es dir, sofort Abstand vom nagenden Ärger zu gewinnen und dein Reptiliengehirn zu beruhigen.

Strategie 3: Rücke den Ärger ins rechte Licht

Aufkommender Ärger oder begleitende negative Gefühle lassen sich schnell verarbeiten, wenn du dir die folgende Frage stellst:

»Verglichen mit jemandem, der gerade erfahren hat, dass er unheilbar krank ist und in wenigen Monaten sterben wird, wie schlimm ist meine Situation wirklich?«

Rücke das, was dir widerfährt, immer wieder ins rechte Verhältnis. Oftmals sind die Dinge lange nicht so schlimm, wie wir es uns einreden.

Strategie 4: Lass andere so, wie sie sind

Löse dich von deinen Erwartungen an andere. Erinnere dich daran, dass jeder Anspruch auf ein selbstbestimmtes Leben hat, egal ob du ein bestimmtes Verhalten gutheißt oder missbilligst. Wenn du dich über jemanden ärgerst, frage dich:

▶ Warum handelt der andere so? Welches Interesse verfolgt er damit?
▶ Warum darf er so handeln?
▶ Habe ich das Recht, anderen vorzuschreiben, wie sie zu sein haben?

Strategie 5: Belohne dich mit neuen Gefühlen

Möchtest du hartnäckigen Ärger in ein anderes Gefühl verwandeln, kannst du dich selbst dafür belohnen, dass du die Situation ertragen hast, die dich ärgert. Tu dir etwas Gutes: Gönne dir etwas Schönes, lass dich massieren, triff dich mit Freunden in einem schönen Restaurant. Die entstehenden guten Gefühle werden den Ärger in den Hintergrund treten lassen und dir die Gelegenheit geben, neue Gedanken, Bewertungen und Gefühle in Bezug auf die Situation zu entwickeln, die den Ärger ausgelöst hat.

Strategie 6: Die Anti-Ärger-Notfallstrategie

In dem Moment, in dem Ärger als unmittelbare Reaktion auftreten will, atme fünf Mal tief in den Bauch hinein und lass bei jedem Ausatmen bewusst die Schultern sinken. So entspannt sich dein Körper sofort, und du hast Zeit, um über deine Reaktion nachzudenken. Dann lache grundlos, statt dich zu ärgern. Warum du das tun sollst? Du kannst nicht gleichzeitig lachen und dich ärgern.

6. Wie du dich von Sorgen befreist

»Von allen Sorgen, die ich mir machte,
sind die meisten nicht eingetroffen.«
Sven Hedin

Sind wir Opfer unserer Sorgen?

Wer kennt sie nicht, die quälenden Gedanken daran, was in Zukunft alles schiefgehen könnte? *»Sicher werde ich wieder im Stau stehen.«,* *»Was, wenn ich den Zug verpasse?«, »Bestimmt werde ich im Urlaub krank.«, »Warum ist mein Kind noch nicht zu Hause? Hatte es einen Unfall?«, »Bestimmt habe ich den Herd angelassen.«, »Dem Chef wird das nicht gefallen.«, »Kann ich das überhaupt schaffen?«*

Wir verfügen über eine schier unendliche Kreativität, uns Negativszenarien in der Zukunft auszumalen. So ist die Liste der Sorgen, die wir uns machen, endlos – und oftmals völlig unbegründet. Denn wie wir alle wissen, treffen die Dinge meistens doch nicht so ein, wie wir befürchten. Und rückblickend erkennen wir, dass wir uns völlig umsonst gesorgt haben.

Die Macht der Sorgen:
Vom Steckenbleiben im Sorgensumpf

Sorgen scheinen in unserer Gesellschaft zum guten Ton zu gehören. Schon früh haben viele Menschen gelernt, sich Sorgen zu machen, da ihre Eltern es ihnen vorlebten. Sie sorgten sich ohne Unterlass um ihre Kinder. Diese sollten nicht auf Bäume klettern, langsam gehen, statt zu rennen, und immer schön aufessen, um groß und stark zu werden. In Bezug auf ihr eigenes Leben machten sich diese Eltern Sorgen darüber, arbeitslos oder krank zu werden oder ihren Besitz zu verlieren. Außerdem machten sie sich Sorgen über die Zukunft. Unbewusst haben Kinder solcher Eltern dieses Verhalten übernommen und denken auch als Erwachsene, es sei ein natürlicher, menschlicher Prozess.

Dabei sind Sorgen nichts als lähmende, einengende Gedanken, die uns in keiner Weise weiterbringen. So sind viele Menschen infolge ihrer Sorgen Gefangene ihres eigenen Lebens. Sie arbeiten jede Woche 40, 50 oder 60 Stunden in einem Beruf, der sie nicht glücklich macht, sie aber dazu befähigt, »ganz gut zu leben«. Meistens sind diese Menschen nicht erfüllt. Viele von ihnen verdienen gerade genug, um nicht zu kündigen, und zu wenig, um zufrieden zu sein. Das Risiko, sich neu zu orientieren, wollen sie nicht eingehen. »Vielleicht ist das ja dann auch nicht besser«, sorgen sie sich. Möglicherweise träumen sie auch davon, sich selbstständig zu machen und etwas zu tun, das ihr Herz zum Schwingen bringt, doch sie sorgen sich, damit nicht genug Geld zu verdienen. Andere schließen unzählige Versicherungen ab, weil sie sich damit sicherer fühlen. Doch viele Versicherungen sind nichts weiter als eine Wette gegen sich selbst. Dann gibt es Menschen, die an einer Beziehung festhalten, die schon lange einen faden Beigeschmack hat, nur aus Sorge, keinen anderen Partner zu finden. Wieder andere warten vor lauter

Sorge davor insgeheim nur darauf, dass eine schlimme Krankheit zuschlägt. Aus solchen Gedanken kann eine selbsterfüllende Prophezeiung werden, denn das, was wir glauben, möchte uns unser Unterbewusstsein nur zu gern beweisen. Unser innerer Beweisführer wird sich redlich bemühen, all unsere Erwartungen und Sorgen zu erfüllen, denn nur so bleibt unser Modell der Welt konsistent, wie wir im Kapitel über klares Denken ergründet haben.

Sorgen ändern nichts an der Zukunft

Dir Sorgen zu machen ist eine der unproduktivsten mentalen Beschäftigungen, denen du nachgehen kannst, denn es ändert überhaupt nichts an der Zukunft. Deine Sorgen haben keinen Einfluss auf den Lauf der Dinge. Du kannst damit weder die Zukunft voraussehen, noch kannst du sie damit planen. Du kannst durch Sorgen weder Krieg oder Krankheit noch den Tod verhindern. Wenn du dich sorgst, veränderst du nichts an der Situation, die du befürchtest.

Sorgen haben lediglich einen negativen Einfluss auf dein Wohlbefinden, denn sie bedrücken dich, machen dich hilflos und ängstlich. Außerdem büßt du dadurch deine Fähigkeit ein, klare Gedanken zu fassen. Darüber hinaus programmierst du dich regelrecht auf Probleme, die du durch die Filter deiner Sorgen bereits kommen siehst.

Erinnere dich daran, dass das Leben sehr kurz ist. Ist es nicht eine unermessliche Vergeudung, wenn deine Sorgen dich davon abhalten, selbstbestimmt und frei zu leben, deine Träume zu verwirklichen und jeden Tag auf dieser Erde zu genießen? Wenn du dich immer wieder von deinen Sorgen einschränken lässt, wirst du einmal auf dem Sterbebett liegen und dir wünschen, du könntest dein Leben noch einmal leben. Doch dann wird es zu spät sein.

Wie die Strategie des
Sich-Sorgen-Machens funktoniert

Egal, ob du dich um dich selbst oder um andere sorgst, ob du Existenzängste hast oder befürchtest, deine Ziele nicht zu erreichen, in deinem Unterbewusstsein läuft immer der gleiche Prozess ab. Durch diesen Prozess in deiner inneren Welt *machst* du dir im wahrsten Sinne des Wortes deine Sorgen.

So sieht der negative Kreislauf aus, der in deiner Psyche abläuft, wenn du dir Sorgen machst:

1. Du stellst dir vor, wie eine Sache schiefgehen wird.
2. Du hältst den negativen Ausgang für möglich und wahrscheinlich.
3. Du richtest deinen Fokus auf diese mögliche Version der Realität und blendest alle anderen Möglichkeiten aus.
4. Deine Gedanken an die negative Zukunft lassen dich im aktuellen Moment Gefühle wie Traurigkeit, Aufregung, Entmutigung oder Angst empfinden.
5. Deine innere Unruhe wächst, du beginnst zu grübeln und schränkst deine Fähigkeit ein, rational über die Sache nachzudenken und andere Möglichkeiten – die genauso wahrscheinlich sind – in Erwägung zu ziehen.
6. Du fühlst dich gelähmt und verfällst möglicherweise sogar in Panik.
7. Deine Produktivität nimmt ab, jegliche positive Stimmung verschwindet.

Wie du den Sorgenkreislauf unterbrichst

Wenn du den automatischen Sorgenprozess stoppen willst, kannst du ihn mit einem neuen Denkmuster ersetzen. Dabei hilft zum Beispiel der »Prozess der freudigen Erwartung«. Probiere ihn einfach für dich aus, wenn du dich das nächste Mal beim Sorgenmachen ertappst:

1. Denke an die Situation, die dich mit Sorge erfüllt.
2. Wähle bestärkende, hoffnungsvolle Sätze wie: »Es wird schon alles gut gehen. Und wenn nicht, werde ich damit zurechtkommen.« Oder: »Ich werde mich jetzt nicht mit meinen negativen Fantasien befassen. Ich kann sowieso nicht wissen, wie die Dinge sich wirklich entwickeln.«
3. Erinnere dich daran, dass du dich in der Vergangenheit schon sehr oft unnötig gesorgt hast.
4. Stelle dir mindestens drei positive Möglichkeiten vor, wie die Situation ausgehen könnte.
5. Suche dir davon eine Möglichkeit aus und mache dir bewusst, dass sie genauso möglich ist wie jede andere.
6. Male dir diesen Ausgang der Situation in leuchtenden Farben aus. Erschaffe positive Bilder in deinem Geist und fühle dich in diesen Film deiner Zukunft hinein. Je mehr du darüber nachdenkst, wie gut alles verlaufen wird, für desto wahrscheinlicher hältst du diesen Ausgang. Dein Unterbewusstsein als dein mächtiger Verbündeter wird alles daransetzen, dir diese vorgestellte Realität zu beweisen.
7. Spüre bewusst deinen Mut und deine Zuversicht.

Die folgende Tabelle fasst die beiden alternativen mentalen Strategien anhand der Dimensionen des 5-Kompetenzen-Modells zusammen.

Innere Dimension	Unbewusste Strategie	Bewusste Strategie
Wahrnehmen	Besorgnis	Besorgnis
Denken	Du hältst einen negativen Ausgang für möglich und wahrscheinlich.	Du machst dir bewusst, dass ein positiver Ausgang genauso wahrscheinlich ist.
Fühlen	Du empfindest negative Gefühle im aktuellen Moment, wie Angst, Anspannung, innere Unruhe, Panik.	Du empfindest positive Gefühle im aktuellen Moment, wie Zuversicht, Vertrauen und innere Ruhe.
Sprechen	*»Die Sache wird nicht gut ausgehen.«*	*»Dies sind drei mögliche positive Resultate ...«*
Handeln	Rückzug, Lähmung	Tatendrang, Produktivität

Die Anwendung des 5-Kompetenzen-Modells gegen Sorgen

Weitere Möglichkeiten, um dich aus dem Sorgenkarussell zu befreien, findest du in den folgenden Wachstumsstrategien.

✳✳✳

Wachstumsstrategien, mit denen du dir nie mehr Sorgen machst

Strategie 1: Entwickle mehr Vertrauen und innere Ruhe

Immer wenn etwas besser ausgeht, als du erwartet hast, solltest du dir dies deutlich vor Augen führen. Sag dir zum Beispiel: *»Ich habe mir schon wieder völlig unnötig Sorgen gemacht. Am Ende ist es doch anders gekommen. Das bedeutet, dass es mir nichts nützt, mich zu sorgen, denn in den meisten Fällen gehen die Dinge doch viel besser aus, als ich denke.«*

So trainierst du dich darin, dir weniger Sorgen zu machen, stärker im Moment zu leben und mehr zu vertrauen. Deine Sorgenmuster werden mit der Zeit immer mehr abnehmen, weil du immer wieder erlebst, dass die Geister, die du rufst, in den meisten Fällen gar nicht erscheinen.

Strategie 2: Analysiere deine Sorgen akribisch

Untersuche deine Sorgen einmal genau. Beantworte dafür die folgenden Fragen und halte die Antworten schriftlich fest:

1. Was genau bereitet dir Sorgen? Beschreibe die Situation im Detail.
2. Warum bist du besorgt über die Situation? Was befürchtest du?
3. Wovor sollen dich deine Sorgen schützen? Was willst du vermeiden?
4. Was hindert dich daran zu glauben, dass ein positiver Ausgang möglich ist?
5. Was müsstest du glauben, um einen positiven Ausgang für wahrscheinlicher zu halten als einen negativen?
6. Womit könntest du das Gefühl der Besorgnis ersetzen? Was würdest du lieber empfinden?
7. Welche bestärkenden Dinge könntest du zu dir sagen, die dir ermöglichen, das gewünschte Gefühl zu empfinden?
8. Was wäre der erste Schritt, um dich von deinen Sorgen zu befreien? Und was wäre der nächste Schritt?

So wirst du dir der Gedanken bewusst, die du im Moment der Sorge hast, gewinnst Klarheit und kannst gezielt neue Gedanken entwickeln.

Strategie 3: Stelle dir bessere Fragen

Aus dem Kapitel über die Sprache weißt du bereits, dass die Qualität deiner Fragen die Qualität deines Lebens mitbestimmt. Wenn du dich sorgst, kannst du dir diese Fragen stellen, um schnell aus dem Sorgenkarussell auszusteigen:

▶ Kann ich mit Sicherheit sagen, dass meine negative Version der Zukunft eintreten wird?
▶ Ist ein negativer Ausgang wirklich wahrscheinlicher als ein positiver?
▶ Welche fünf anderen Möglichkeiten sind auch wahrscheinlich?
▶ Welchen Ausgang wünsche ich mir?
▶ Was könnte ich denken, um mir keine Sorgen mehr zu machen?

Strategie 4: Lege einen Sorgenzeitraum fest

Bei dieser Technik machst du von deiner Fähigkeit Gebrauch, deine Gedanken bewusst zu steuern.

Richte dir einen zeitlich begrenzten und genau terminierten Sorgenzeitraum ein, zum Beispiel täglich von 17.30 bis 17.45 Uhr. Wenn du wahrnimmst, dass du dich sorgst, sage dir: *»Ich sorge mich gerade. Das lasse ich jetzt sein und verschiebe diese Gedanken in meinen Sorgenzeitraum. Um 17.30 Uhr werde ich mich ausgiebig um meine Sorgen kümmern.«*

Schreibe dir deine besorgniserregenden Gedanken auf und nimm deine Notizen um 17.30 Uhr zur Hand. Ab diesem Moment kannst du 15 Minuten lang so richtig in deinen Sorgen schwelgen. Koste das Sorgenmachen voll aus. Male dir die schwärzesten Zukunftsszenarien aus. Übertreibe deine Sorgen und den Ausgang der Dinge bis zum Maximum. Bald wirst du merken, wie aberwitzig dieses Vorgehen ist, und allmählich deine Sorgenzeiträume aus deinem Alltag streichen.

Strategie 5: Erkenne, dass du kein Hellseher bist

Vielleicht stilisierst du die Zukunft – wie so viele andere Menschen – gerne zu einer Katastrophe hoch. Mach dir jedoch bewusst, dass du kein Hellseher bist. Du kannst nicht wissen, ob etwas Bestimmtes eintreten wird. Dein Gehirn neigt nur gerne dazu, negativ über die Zukunft zu denken, weil es Angst vor dem Unbekannten hat und befürchtet, mit dem, was kommt, nicht umgehen zu können. Dabei hast du mit großer Sicherheit schon viele schwierige Situationen in deinem Leben gemeistert. Ist es daher nicht sehr wahrscheinlich, dass du auch beim nächsten Mal einen Weg finden wirst?

Strategie 6: Nutze die Wahrscheinlichkeitsrechnung

Unser Gehirn hat einen perfiden Trick entwickelt, um uns das Leben leichter zu machen. Es lässt uns glauben, die Dinge werden sich in der Zukunft genauso zutragen wie in der Vergangenheit. Dies ist jedoch pure Selbsttäuschung. Die Wahrscheinlichkeit, dass ein bestimmtes Ereignis eintritt, ist nicht höher, nur weil es in der Vergangenheit schon einmal aufgetreten ist.

Wenn du dir also Sorgen machst, frag dich: *»Wie hoch ist die Wahrscheinlichkeit auf einer Skala zwischen 0 und 100 Prozent, dass dieses Ereignis wirklich eintreten wird?«* Du wirst schnell merken, dass du schlicht und ergreifend keine Zahl festmachen kannst, da so viele Bedingungen eine Rolle spielen. Warum also annehmen, dass etwas einen negativen Ausgang haben wird?

Strategie 7: Mache dir Sorgen, bevor du ein Projekt beginnst

Mach es dir zur Gewohnheit, dir deine Sorgen detailliert auszumalen, *bevor* du mit deinen Vorhaben beginnst. So funktioniert diese Strategie:

1. Nimm Zettel und Stift zur Hand und schreibe alles auf, was dich in Bezug auf dein Vorhaben besorgt. Notiere wirklich alles, was schiefgehen könnte, wovor du Angst hast und was das Schlimmste ist, das eintreten könnte. Sei kreativ, fantasiereich und schonungslos.
2. Nun zerreiße oder verbrenne das Blatt.
3. Schreib auf ein neues Blatt Papier eine der folgenden oder eine andere, für dich wirksame Affirmation:
   - ▶ »Ich werde es schaffen.«
   - ▶ »Weil ich begonnen habe, wird es klappen.«
   - ▶ »Das haben schon andere Menschen geschafft, also ist es auch für mich machbar.«
4. Beginne deine Aufgabe.
5. Kommen Sorgen auf, nimm den Zettel mit deiner positiven Affirmation in die Hand und ersetze deine Sorgen mit dieser stärkenden Aussage.
6. Falls dich deine Sorgen weiterhin plagen, vertage sie auf den nächsten Sorgenzeitraum.

7. Wie du lernst,
Entscheidungen zu treffen

»Die schlimmste Entscheidung ist Unentschlossenheit.«
Benjamin Franklin

Die Psychologie der Entscheidungen

Jeden Tag treffen wir etwa 20 000 Entscheidungen. *»Was ziehe ich an?«, »Was esse ich zum Frühstück?«, »Fahre ich heute mit dem Rad oder mit dem Auto?«, »Soll ich erst einmal E-Mails beantworten oder mir doch einen kleinen Plausch mit dem Lieblingskollegen gönnen?«* Noch bevor der Tag richtig in Fahrt kommt, haben wir bereits unzählige Entscheidungen gefällt – die meisten davon unbewusst, automatisch und in Sekundenbruchteilen. Wären wir dazu nicht in der Lage, könnten wir nicht existieren. Wer von sich behauptet, sich nicht entscheiden zu können, hat damit schon eine Entscheidung getroffen. Denn letztlich sagt er nichts anderes als: *»Ich entscheide mich dazu, mich nicht zu entscheiden.«* Aber er empfindet dies als lähmende Entscheidungsunfähigkeit.

Wie entsteht Unentschlossenheit?

Unserer vermeintlichen Entscheidungsunfähigkeit liegen verschiedene psychologische Prozesse zugrunde, die wir in diesem Kapitel näher betrachten werden. Zu den Ursachen gehören:

▶ Negative Ergebnisse aufgrund vergangener Entscheidungen

In der Vergangenheit haben wir schon oft die Erfahrung gemacht, dass unsere Entscheidungen zu ungewünschten Ergebnissen führen können. Weil das schmerzhaft für uns ist, haben wir Angst davor entwickelt, uns zu entscheiden. Statt eine Entscheidung mit potenziell negativen Konsequenzen zu treffen, entscheiden wir uns lieber gar nicht.

▶ Angst vor den Konsequenzen der Entscheidung
Wir befürchten, dass unsere Entscheidungen sich negativ auswirken werden, dass wir etwas verpassen, andere enttäuschen oder gar scheitern und so unser Gesicht verlieren könnten. Diese Angst ist so subtil, dass wir sie in der Regel nicht bewusst wahrnehmen.

▶ Denkfehler
Ständig unterliegen wir unseren Denkfehlern. Sie entstehen durch unsere limitierenden Überzeugungen sowie aufgrund mangelnder Klarheit und Präzision im Denken. Auf welchen Denkfehlern unsere Entscheidungsfähigkeit häufig basiert, werden wir uns im nächsten Kapitel genau ansehen.

▶ Geringes Selbstvertrauen
Wer wenig Selbstvertrauen hat, traut sich weder zu, gute Entscheidungen zu treffen, noch mit den Konsequenzen seiner Entscheidungen umgehen zu können. Schon kleinere Hindernisse werden als unüberwindbare Hürden wahrgenommen. Unsicherheit, Wankelmut und Frustration bestimmen fast jede Entscheidungssituation von Menschen mit geringem Selbstvertrauen.

▶ Der Meinung anderer eine zu große Bedeutung geben
Das Bild, das andere Menschen von uns haben, ist für uns oft von sehr großer Bedeutung. Wir wollen attraktiv aussehen, klug wirken und Anerkennung für unsere Taten erhalten. Bei manchen Menschen sind diese Muster allerdings übersteigert. Die Ansicht anderer ist für sie zum Kompass ihres Verhaltens geworden. Sobald wir die Meinung anderer wichtiger nehmen als unsere ei-

gene, werden wir stets wie ein Fähnchen im Wind wehen und nicht unsere eigenen Entscheidungen treffen, sondern unbewusst die, welche sozial erwünscht sind und von uns erwartet werden.

Diese 7 Denkfehler lähmen unsere Entscheidungsfähigkeit

»Hoffentlich treffe ich die richtige Entscheidung.«, »Ich weiß einfach nicht, was ich machen soll.«, »Was, wenn ich die falsche Entscheidung treffe?« Jeder dieser Sätze ist Ausdruck des lähmenden Gefühls der Unfähigkeit, sich zu entscheiden. Dahinter liegen typischerweise sieben Denkfehler, die bei anstehenden Entscheidungen auftreten. Werden wir uns dieser Denkfehler bewusst, so steht uns der Raum offen, sie in Überzeugungen zu verwandeln, die uns Entscheidungen leicht machen.

1. Denkfehler: Wir tun so, als ginge es um Leben oder Tod

Oft verhalten wir uns bei Entscheidungen so, als ginge es um Leben und Tod. Manche Menschen tun beispielsweise im Restaurant so, als würde die Wahl zwischen zwei Gerichten über den weiteren Verlauf ihres Lebens entscheiden. Andere brauchen so lange, um sich für einen Job zu bewerben, dass die Stellenanzeige längst nicht mehr aktuell ist, wenn sie sich endlich dazu durchgerungen haben. Wieder andere gehen sogar jeder bedeutsamen Entscheidung aus dem Weg, damit sie nicht Gefahr laufen, später dafür die Verantwortung übernehmen zu müssen.

Neuer Gedanke: Ich kann mich jederzeit neu entscheiden

Bei so gut wie keiner Entscheidung geht es wirklich um Leben oder Tod. Egal ob wir uns für dieses oder jenes Auto, für diesen oder jenen

Wohnort, für diesen oder jenen Job entscheiden, wir haben jederzeit die Möglichkeit, andere Wege zu gehen. Vielleicht ist das nicht immer einfach, doch die Freiheit, uns neu zu entscheiden, ist jederzeit gegeben.

2. Denkfehler: Wir glauben, es gäbe eine richtige und eine falsche Entscheidung

Eine Entscheidung fällt uns immer dann schwer, wenn wir aus allen möglichen Optionen die »richtige« wählen wollen. Tatsächlich befürchten wir in einem solchen Fall, etwas Besseres zu verpassen oder vielleicht mit unserer Entscheidung unglücklich zu sein oder sogar zu scheitern. *»Was, wenn es nicht das Richtige ist?«*, *»Was, wenn es nicht klappt?«*, *»Was, wenn ich abgelehnt werde?«* Durch solche Fragen lähmen wir uns, denn dadurch erzeugen wir in uns die Angst, uns selbst oder andere zu enttäuschen. Wann aber kommt es zu einer Enttäuschung? Es kommt immer dann dazu, wenn unsere Erwartungen nicht mit dem Ergebnis übereinstimmen. Also bereuen wir, dass wir etwas überhaupt getan haben, und fragen uns: *»Wenn ich es anders gemacht hätte, wären die Dinge jetzt besser?«* Doch auf diese Frage gibt es keine Antwort. Dafür ist unsere Welt zu komplex.

Neuer Gedanke: Jede Entscheidung ist richtig und hält eine Lernerfahrung für mich bereit

Es gibt durchaus *gute*, aber keine *richtigen* Entscheidungen. Machen wir aufgrund einer Entscheidung negative Erfahrungen, halten wir unsere getroffene Wahl für grundlegend falsch. Doch wir können schlicht nicht wissen, welche Wendung unser Leben andernfalls genommen hätte. Ebenso wenig können wir wissen, ob das erwünschte Ergebnis wirklich eingetroffen wäre.

Wir sollten uns also vor Augen führen, dass wir uns nie richtig oder falsch entscheiden können, sondern uns durch jede Entscheidung weiterentwickeln, da sie jeweils bestimmte Lernerfahrungen für uns bereithält. Letztlich geht es darum zu lernen, welche Entscheidungen zielführend sind und welche nicht. Dies können wir nur durch Erfahrung herausfinden. In diesem Zusammenhang gilt das Sprichwort: »*Erfolg basiert auf guten Entscheidungen. Gute Entscheidungen basieren auf unseren Erfahrungen. Erfahrung basiert oft auf schlechten Entscheidungen.*« Unsere vermeintlich »*falschen*« Entscheidungen sind daher immer die Basis dafür, es beim nächsten Mal besser zu machen.

3. Denkfehler: Wir fragen die falschen Menschen um Rat

Menschen lieben es, anderen Ratschläge zu geben und ihnen ihre Meinung mitzuteilen. Wir können mit zehn verschiedenen Menschen über eine anstehende Entscheidung sprechen und werden mit hoher Wahrscheinlichkeit zehn verschiedene Meinungen dazu bekommen. Das Problem ist, dass jede Meinung ein Ausdruck der individuellen Prägungen, Erfahrungen, Wünsche und Bedürfnisse eines anderen ist. Schon im Wortstamm von »Meinung« steckt das Wort »mein«, es ist eine »*Mein*«ung. Sie gehört zum anderen, nicht zu uns.

Doch Meinungen werden uns oft als unumstößliche Wahrheit präsentiert und haben die Tendenz, uns zu lenken – und zwar in eine Richtung, die für den anderen stimmig ist. Ob die Meinung zu uns passt, wird von unserem Gegenüber nicht geprüft, denn Freunde, Familie und Bekannte helfen uns selten aus einer neutralen Position heraus beim Denken und Entscheiden. Sie sind überzeugt davon, uns mit ihren Ratschlägen etwas Gutes zu tun. Allerdings sorgen sie mit ihrem »guten Rat« oft dafür, dass wir noch mehr verwirrende und widersprüchliche Gedanken entwickeln.

Neuer Gedanke: Ich frage Unkundige nicht nach dem Weg

Du solltest sehr weise wählen, wen du nach seiner Meinung fragst. Wenn du einen sicherheitsbedürftigen Freund fragst, ob du dich selbstständig machen solltest, wird er dir höchstwahrscheinlich davon abraten und gleichzeitig noch all seine Ängste mit dir teilen, die dich dann unbewusst beeinflussen. Wenn du karriereorientierte Familienmitglieder fragst, ob du auf Weltreise gehen oder studieren solltest, werden sie dir vermutlich zum Studium raten, weil sie wollen, »*dass du ein erfolgreiches Leben führst*«, und es ja »*nur gut mit dir meinen*«. Wenn du einen Audi-Verkäufer fragst, welches das passende Auto für dich ist, kannst du dir die Antwort bereits denken.

4. Denkfehler: Wir treffen Entscheidungen, während wir uns schlecht fühlen

Viele von uns neigen dazu, ihre Entscheidungen in Momenten, in denen sie sich schlecht fühlen, infrage zu stellen oder, wenn möglich, sogar zu revidieren. Wenn es zum Beispiel in einer noch jungen Beziehung kriselt, stellen wir häufig gleich die gesamte Beziehung infrage. Wenn wir durch Überlastung gestresst sind, erscheint uns die Entscheidung zu einem gesunden Lebensstil plötzlich zu anstrengend, und wir werfen unsere guten Vorsätze schnell wieder über Bord. Wenn unsere Ängste überhandnehmen, gehen wir ein Projekt lieber nicht an. Die negativen Gefühle übernehmen das Kommando und lassen unsere Entscheidungen in einem schlechten Licht erscheinen.

Neuer Gedanke: Ich entscheide mich nur, wenn ich mich gut fühle

Wenn es uns schlecht geht, sollten wir jegliche Entscheidung aufschieben, bis wir wieder einen positiven inneren Zustand erreicht haben und über unsere gesamte mentale Kraft verfügen.

5. Denkfehler: Wir denken nicht präzise genug nach

Unsere Gedanken sind oft verworren, wenn es um unsere Entscheidungen geht. Wir neigen dazu, nicht klar und präzise über unsere Optionen und mögliche Konsequenzen nachzudenken, und verheddern uns in Gedankenfallen, die eine fundierte Entscheidung nahezu unmöglich machen. Im Kapitel über klares Denken haben wir uns bereits mit diesen Fallen beschäftigt. Wir denken beispielsweise in »Entweder-oder-Kategorien«, »katastrophisieren« oder glauben, die Zukunft vorhersagen zu können. Diese Art zu denken erinnert an ein Labyrinth, in dem wir uns verlaufen haben. Ständig geraten wir in Sackgassen, gehen wieder zurück, schlagen neue Wege ein, nur um uns kurz darauf vor der nächsten Wand wiederzufinden. Ohne einen Blick von oben finden wir kaum den Ausweg aus unserem mentalen Labyrinth.

Neuer Gedanke: Ich unterscheide zwischen Fakt und Fiktion

Für gute Entscheidungen ist es wichtig, die eigenen Alternativen klar und präzise bis zum Ende zu durchdenken und zwischen eingebildeten Ergebnissen und tatsächlichen Fakten zu unterscheiden. *»Lenkt mich gerade meine Angst?«, »Bezieht sich dieser Gedanke auf Fakten oder auf eine Fiktion?«, »Was können andere Konsequenzen der einzelnen Optionen sein?«* Dies sind hilfreiche Fragen, um sich im präzisen Denken zu üben. Oft ist es förderlich, sich einen Coach oder weisen Freund zu Hilfe zu nehmen, um Klarheit über die eigenen Gedanken zu entwickeln und Alternativen nicht nur bis zum ersten Problem, sondern bis zum Ergebnis durchzudenken.

6. Denkfehler: Wir glauben, wir hätten nur wenige Alternativen

Viele Menschen glauben häufig, sie hätten nur wenige Wahlmöglichkeiten, und erklären dann oft, sie müssten sich zwischen A und B entscheiden, weil sie nur diese zwei Möglichkeiten sehen. Zeigt man ihnen Optionen auf, wie sie noch an ihr Ziel gelangen könnten, sagen sie meistens: »*Stimmt. Daran habe ich noch gar nicht gedacht.*« Wenn wir uns lediglich auf wenige Möglichkeiten fokussieren, limitieren wir uns selbst, da unserem Denken zahllose Alternativen entgehen.

Neuer Gedanke: Ich habe immer mindestens 5 Alternativen

Wir haben immer wesentlich mehr Optionen, als wir in der Regel glauben. Wenn du eine Entscheidung fällen willst, mach zunächst einen Schritt zurück und schaue auf das große Ganze. Frage dich, welches konkrete Ziel du erreichen willst. Dann überlege dir mindestens fünf unterschiedliche Wege, wie du dieses Ziel erreichen kannst. Du wirst überrascht sein, an welche Möglichkeiten du bisher noch gar nicht gedacht hast.

Entscheidung in 3 Schritten

In diesem Kapitel hast du bisher erfahren, durch welche Blockaden du dich selbst davon abhältst, Entscheidungen zu treffen, und wie du limitierende Denkmuster mit neuen Überzeugungen ersetzen kannst.

Nun geht es darum, ins Tun zu kommen. Mit diesen drei einfachen Schritten gelangst du zu einer Entscheidung – egal um welches Thema es geht.

1. Schaffe dir die maximale Anzahl an Wahlmöglichkeiten

Verschaffe dir zuerst einen Überblick über all deine Optionen. Überlege dir dafür so viele Alternativen wie möglich. Sammele alles, was für deine Entscheidung wichtig ist. Schränke dich nicht ein, sondern sei maximal ausschweifend und kreativ. Auch für die absurdesten

Ideen ist in dieser Phase des Prozesses Platz. Die Bewertung deiner Auswahl nimmst du erst im nächsten Schritt vor. Schreibe jede Idee auf einen einzelnen Zettel und hänge deine Notizen dann an eine Wand oder lege sie auf dem Boden aus.

2. Erzeuge Klarheit

Betrachte nun alle Optionen nacheinander und bewerte sie individuell anhand dieser Fragen:

▶ Was ist mein Ziel?

▶ Was kann ich im Kontext dieser Alternative beeinflussen und was nicht?

▶ Was sind mögliche negative Konsequenzen? Wen betreffen sie?

▶ Was sind mögliche positive Ergebnisse? Auf welchem Weg kann ich sie erreichen?

Gehe so jede deiner Optionen gedanklich bis zum Ende durch. Überprüfe dann, ob du wirklich alle Alternativen klar und präzise durchdacht hast und nicht in Gedankenfallen getappt bist. Überlege dir deine Antworten unter Umständen in Gesellschaft eines guten Freundes, der dich beim klaren Denken unterstützen und dir weitere Impulse geben kann.

3. Entscheide dich für eine Alternative und handele

Hast du alle Optionen bewertet, entscheide dich. Eine Entscheidung ist dabei eine Wahl, die

▶ zunächst alle anderen Möglichkeiten ausschließt und

▶ mit Handlungsenergie aufgeladen ist.

Da die Handlungsenergie in der Regel sehr schnell verfliegt, geh sofort an die Umsetzung, sobald du deine Entscheidung getroffen hast. Überleg dir, welchen ersten Schritt du unmittelbar tun kannst, sei er auch noch so klein. Wichtig ist nur, dass du sofort in Aktion kommst, bevor die Handlungsenergie aufgrund der Motivations-Aktions-Lücke wieder verebbt, über die wir im Kapitel über entschlossenes Handeln gesprochen haben. Mach dir auch bewusst, dass du immer wieder eine neue Entscheidung treffen kannst. Keine Entscheidung macht dich zu ihrem Gefangenen.

✻✻✻

Wachstumsstrategien, mit denen du Entscheidungen triffst

Strategie 1: Erkenne, dass Entscheidungen nie »richtig« sind

Wenn du dich nicht entscheiden kannst, erinnere dich immer daran, dass es sie einfach nicht gibt, die eine »richtige« Entscheidung. Tu das, was sich im aktuellen Moment passend anfühlt. Du weißt nicht, was das ist? Probiere einfach etwas aus! Mach etwas Naheliegendes. Wenn das nicht stimmig wirkt, tu etwas total Verrücktes. Es kommt auf das Tun an, nicht auf das Grübeln.

Strategie 2: Setze dir eine Deadline für die Entscheidung

Wenn eine größere Entscheidung ansteht: Setze dir einen Termin, an dem du dich entscheiden wirst. Trage dir den Termin in den Kalender ein. Nutze die Zeit davor, deine Optionen bis zum Ende zu durchdenken und gründlich abzuwägen. Wenn der Zeitpunkt der Entscheidung gekommen ist, fälle sie und handele.

Strategie 3: Höre auf dein Bauchgefühl

Hast du schon einmal eine Entscheidung getroffen, vor der dich dein Bauchgefühl gewarnt hat, und später gedacht *»Ich wusste es«*? Dein Bauchgefühl ist ein unbestechlicher Kompass für deine Entscheidungen. Dein Unterbewusstsein weiß meistens sehr genau, welche Option du wählen solltest. Doch wir alle hören viel zu selten auf unsere Intuition. Statt darauf zu vertrauen, überlassen wir unserem Verstand das Kommando, und der redet uns alle möglichen logischen Gründe ein, warum wir uns so und nicht anders entscheiden sollten.

Um diesen Effekt zu umgehen, kannst du einer einfachen Grundregel folgen: *»Wenn es sich nicht gut anfühlt, tu es nicht.«* So kannst du dir viel Kummer ersparen.

Strategie 4: Entweder – oder? Wirf eine Münze!

Diese Strategie kannst du immer dann anwenden, wenn du dich zwischen genau zwei Alternativen entscheiden willst.

1. Nimm eine Münze zur Hand.
2. Lege zwei Entscheidungsmöglichkeiten fest.
3. Ordne den Optionen Kopf und Zahl zu.
4. Wirf die Münze und schau dir das Ergebnis an.
5. Spüre sofort in dich hinein, ob du mit dem Ergebnis zufrieden bist. Wenn ja, fälle deine Entscheidung dementsprechend. Wenn nicht, wähle die andere Alternative.

Strategie 5: Wenn du nicht weißt, was du willst, tu irgendwas

Viele Menschen wissen nicht, was sie wollen, und können sich daher nicht entscheiden. Für diese Situation bietet die folgende Aufforderung aus dem NLP einen exzellenten Ansatz: *»Wenn du nicht weißt, was du tun sollst, tu irgendwas.«*

Der Sinn hinter diesem Grundsatz liegt darin, überhaupt in Aktion zu kommen, statt bis in alle Ewigkeit zu grübeln, was »das Richtige« sein könnte. Wenn du nicht weißt, was du tun sollst, wähle eine Option und verfolge sie, ohne zu zögern. Falls es sich nicht richtig anfühlt oder du damit nicht die gewünschten Ergebnisse erzielst, dann nutze diesen zweiten NLP-Grundsatz: *»Wenn das, was du tust, nicht funktioniert, tu etwas anderes.«*

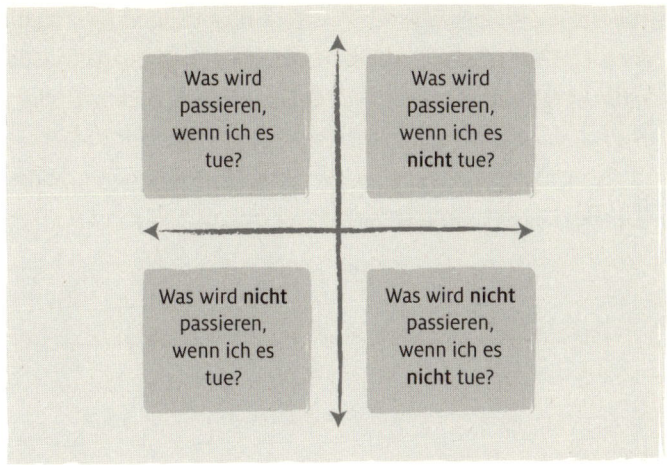

Das kartesische Kreuz der Entscheidungsfindung

Verfolge diese Strategie so lange, bis deine Entscheidung für dich passend erscheint. Wichtig ist, aktiv zu werden und den Prozess zu beginnen.

Strategie 6: Frag Unkundige und Zweifler nicht nach dem Weg

Es gibt viele Menschen in deinem Umfeld, die dir dabei helfen können, zu einer Entscheidung zu kommen. Trau dich, sie um Hilfe zu bitten und von ihrer Weisheit zu profitieren. Achte allerdings genau darauf, an wen du dich wendest. Richte dich nicht an die Ängstlichen, die Zweifler oder die Erfolglosen, sondern an Menschen, die Erfahrung in Bezug auf dein Thema haben und die dir und dem Leben gegenüber wohlwollend und positiv eingestellt sind.

Strategie 7: Das kartesische Kreuz der Entscheidungsfindung

Mit jeder unserer Entscheidungen wenden wir uns automatisch *gegen* mindestens eine andere Option. Da nichts im Leben neutral ist, entgehen uns im Zuge dessen die Vorteile einer anderen Wahlmöglichkeit, zudem werden uns auch negative Konsequenzen unserer Entscheidung begegnen. Das kartesische Kreuz der Entscheidungsfindung dient dazu, alle Optionen genau zu beleuchten. Wenn du mehr Klarheit über die Vor- und Nachteile einer Entscheidung erlangen möchtest, beantworte einfach die vier Fragen des kartesischen Kreuzes. Idealerweise hältst du deine Überlegungen schriftlich fest.

8. Wie du Perfektionismus überwindest

»Es ist besser, unvollkommen anzupacken,
als perfekt zu zögern.«
Thomas Edison

Die negativen Auswirkungen von Perfektionismus

Perfektion lässt sich als »Vollkommenheit; etwas, das nicht mehr verbessert werden kann« beschreiben. Genau diese Vollkommenheit streben Perfektionisten unentwegt an. Sie setzen sich hohe Standards, sind sehr gut organisiert, versuchen jeden Fehler zu vermeiden und legen großen Wert auf eine positive Bewertung ihrer Leistungen und Person.

Diese Eigenschaften hören sich zunächst vielleicht durchaus erstrebenswert an. Doch eine überzogene perfektionistische Neigung kann schnell zu einer gravierenden Blockade werden, denn sie ist wie ein goldener Käfig: Perfektionisten glauben, sie seien an einem attraktiven Ort, dabei befinden sie sich in Wirklichkeit in einem Gefängnis, da sie Geiseln ihres eigenen Anspruchs sind. Sie wetteifern unerlässlich mit sich und anderen, peitschen sich zu Bestleistungen an und quälen sich auf eine zermürbende Art und Weise. Jede Aufgabe muss perfekt erledigt werden, andernfalls ist die Leistung schlecht und damit inakzeptabel.

In diesem Gefängnis leiden sie zunehmend unter den Auswirkungen ihres Perfektionismus, welche diese Formen annehmen können:

▶ Perfektionisten sind nie zufrieden oder wirklich glücklich. Sie können ihr Leben nur wenig genießen, denn es gibt immer schon ein neues Ziel. Ist es erreicht, gilt es für sie nur dann als Erfolg, wenn das Ergebnis perfekt ist.

▶ Perfektionisten können sich kaum über ihre Erfolge freuen, denn sie glauben stets, sie hätten noch besser sein können. Eine gute Leistung ist für sie noch längst kein Grund zur Freude. Dafür hätte sie schon perfekt sein müssen.

▶ Auch andere für ihre Leistungen anzuerkennen fällt Perfektionisten schwer, denn kaum etwas entspricht ihren Ansprüchen.

▶ Perfektionisten verspüren oft Anspannung und Unruhe, was auf Dauer zu physischer und psychischer Erschöpfung führen kann. Ein übertriebener Leistungsanspruch mündet nicht selten in Schlafstörungen, Tinnitus, Burn-out oder Depression.

▶ Perfektionisten suchen ständig nach Fehlern. Sie konzentrieren sich auf das, was sie nicht können und was nicht gut ist. Sie kritisieren sich und andere, wirken pedantisch und sind unflexibel. Sie bemerken immer das, was noch nicht perfekt ist.

▶ Perfektionisten brauchen für ihre Aufgaben wesentlich länger als andere. Sie stecken unverhältnismäßig viel Zeit hinein, denn alles wird doppelt und dreifach geprüft. Sie beißen sich an Details fest, halten sich mit Unwesentlichem auf und werden oft zu spät oder gar nicht fertig.

▶ Perfektionisten können nur sehr schwer delegieren, denn sie sind überzeugt, dass niemand etwas so gut erledigt wie sie selbst. Ihren überzogenen Anspruch tragen sie auch an andere Menschen heran. Meistens arbeiten sie nach, zum Beispiel wenn jemand ein Projekt bei ihnen abliefert, denn selten wird etwas zu ihrer Zufriedenheit erledigt. Diese Beurteilung führt dazu, dass sie es beim nächsten Mal gleich lieber selber machen, als Zeit damit zu verschwenden, die Fehler anderer zu korrigieren.

▶ Der Drang nach Fehlervermeidung kann so stark werden, dass manche Perfektionisten Situationen, die herausfordernd sind und deren Ausgang ungewiss ist, aus dem Weg gehen, nur um nicht das Risiko eines Fehlschlags eingehen zu müssen.

Die 4 Hauptursachen des Perfektionismus

Wenn Menschen unter Perfektionismus leiden, sind typischerweise die folgenden vier psychologischen Treiber aktiv.

1. Mangelndes Selbstbewusstsein und eine limitierende Definition von Erfolg

Schon in jüngsten Jahren lernen wir, dass Fehler zu Kritik, negativer Bewertung und Strafe führen. Für gute Leistungen hingegen werden wir gelobt und anerkannt. Als Kinder schlussfolgern wir unbewusst: Wenn ich Fehler mache, bin ich nicht liebenswert. Durch diese Mechanismen entwickeln viele Menschen den übertriebenen Ehrgeiz, alles perfekt zu machen, weil sie meinen, so seien ihnen Anerkennung, Lob, Wertschätzung und Liebe sicher. Unterlaufen ihnen Fehler oder werden sie kritisiert, fühlen sie sich schnell minderwertig und angegriffen – typische Anzeichen für ein geringes Selbstwertgefühl. Im Grunde geht es Perfektionisten daher nicht um Perfektion an sich, sondern um das Gefühl der Unantastbarkeit, das sie dadurch empfinden. Dieses Gefühl brauchen sie, um ihr Selbstwertgefühl aufrechtzuerhalten und sich wertvoll, anerkannt und geliebt zu fühlen. Dass sie liebenswert sein könnten, ohne etwas zu leisten, liegt außerhalb ihrer Vorstellungskraft. Immer gibt es etwas zu optimieren, muss das nächste Ziel erreicht und die nächste Höchstleistung erbracht werden. Wenn Perfektionisten nichts zu tun haben, zermürbt sie das, denn wie sollen sie Selbstbestätigung erhalten, wenn es nichts abzuliefern gibt?

2. Die Sucht nach Bestätigung und Anerkennung

Die Frage, was andere von ihnen denken, schwingt bei dem, was Perfektionisten tun, immer mit. Unbewusst liegt ihr Fokus also nicht auf ihrem jeweiligen Projekt, sondern auf dem Urteil anderer. Sie fürchten, dass andere negativ über sie urteilen könnten, wenn sie nicht perfekt aussehen oder perfekte Arbeit leisten. Daher sollten sich Perfektionisten einmal aufrichtig mit der Frage auseinandersetzen, ob Bestätigungssucht, die eng mit einem geringen Selbstwertgefühl zusammenhängt, der eigentliche Treiber hinter ihrem unerbittlichen Willen zu Bestleistungen ist.

3. Die Unfähigkeit, die eigene Unvollkommenheit zu akzeptieren

Wer perfektionistisch ist, kann seine eigenen Defizite nicht akzeptieren. Dabei sind wir Menschen in unserer Unvollkommenheit perfekt, denn ist es nicht schon Perfektion an sich, ein lebendiger, atmender Organismus zu sein, der mit seinem Geist die Welt gestalten kann? Wäre es nicht hilfreich, dieses Wunder der Natur anzuerkennen, statt ständig danach zu streben, »noch perfekter« zu sein?

4. Die Angst, zu versagen und Fehler zu machen

Der eigene extreme Anspruch soll Perfektionisten davor bewahren, Fehler zu machen, denn das setzen sie mit einem Versagen gleich und deuten es als Zeichen eines geringen Wertes als Mensch. Deshalb fürchten sich Perfektionisten vor Misserfolgen und peitschen sich permanent zu Höchstleistungen an. Aus Fehlern zu lernen fällt ihnen sehr schwer, denn ihr Fokus liegt auf dem eigenen vermeintlichen Scheitern und nicht auf der Wachstumsmöglichkeit, die daraus entsteht.

Von gesundem und ungesundem Perfektionismus

Eine perfektionistische Neigung ist nicht per se ungesund. Werfen wir einen Blick auf die Perfektionismusforschung, um zu ergründen, wann diese Neigung gesund ist. Perfektionismus lässt sich den Psychologen Joachim Stoeber und Kathleen Otto zufolge in zwei Dimensionen unterteilen:

▶ die Dimension der perfektionistischen Besorgnis
▶ die Dimension des perfektionistischen Strebens

1. Die Dimension der perfektionistischen Besorgnis

Diese Dimension steht für einen Drang zu übertriebener Fehlervermeidung. Wer zu perfektionistischer Besorgnis neigt,

▶ ist von Zweifeln an seiner Leistung geplagt,
▶ hat eine hohe Sensibilität gegenüber Fehlern und
▶ leidet unter übertriebenen Erwartungen an sich selbst.

Der Betroffene vergleicht sich ständig mit anderen und stellt seine eigenen Leistungen infrage. Zudem fühlt er sich oft nicht wertgeschätzt.

Durch sein überzogenes Leistungsstreben übertritt er regelmäßig seine Leistungsgrenzen und wird anfällig für Kritik und Stress. Er fühlt sich überfordert und entwickelt nicht selten ungesunde Vermeidungsstrategien und Krankheiten.

2. Die Dimension des perfektionistischen Strebens

Die Dimension des perfektionistischen Strebens entsteht aus

▶ hohen persönlichen Standards und
▶ einer guten Organisiertheit.

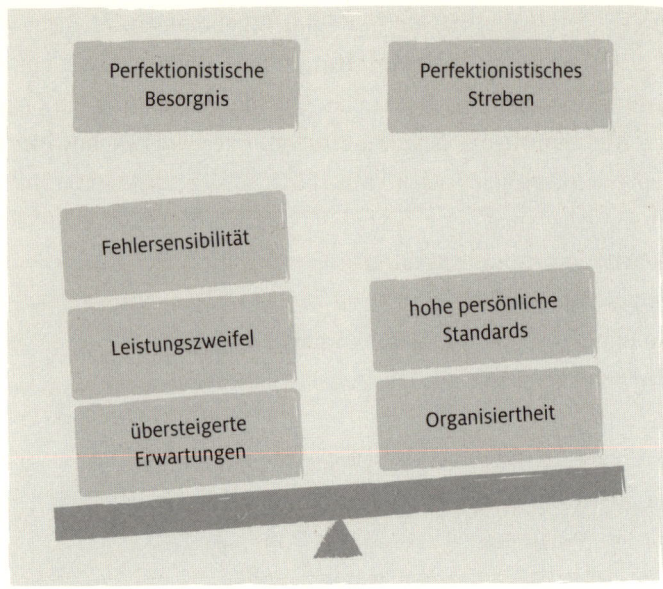

Ungleichgewicht zwischen perfektionistischer Besorgnis und perfektionistischem Streben

Menschen, die diese Dimension verinnerlicht haben, erledigen ihre Aufgaben dank ihrer intrinsischen Motivation korrekt. Bei der Planung und Umsetzung ihrer Vorhaben sind sie organisiert, zuverlässig und effektiv. Stressigen Situationen begegnen sie mit geeigneten Strategien, indem sie beispielsweise auf die Signale ihres Körpers achten, sich selbst wohlwollend reflektieren und ihr Verhalten flexibel anpassen.

Betrachten wir die Merkmale dieses Modells, können wir relativ leicht einschätzen, auf welcher Seite des Perfektionismus wir stehen und ob uns unsere perfektionistische Neigung nützt oder schadet.

Mit ungesundem Perfektionismus vergeuden wir unsere Zeit und

Energie. Wir können nie ein perfektes Ergebnis erzielen, egal was wir auch tun mögen. Es gibt immer Luft nach oben, egal wie gut wir bereits sein mögen. Die übertriebene Forderung der perfektionistischen Besorgnis kann niemand erfüllen. Alles, was sie bewirkt, ist Folgendes: Sie hindert uns daran, erfüllt, selbstbestimmt und frei zu leben.

Sobald du deinen Perfektionismus loslässt, befreist du dich von einer großen Last und beginnst ein neues Kapitel in deinem Leben. Diese Wachstumsstrategien unterstützen dich dabei.

Wachstumsstrategien, mit denen du dich vom Perfektionismus befreist

Strategie 1: Erkenne, dass es keine Fehler gibt

Jedes Ergebnis unserer Handlungen ist erst mal nichts weiter als ein Ergebnis. Erst unsere Bewertung macht es positiv oder negativ. Wenn wir ein Ergebnis negativ bewerten, nennen wir es Fehler. Doch eine solche Bewertung ist unproduktiv und kostet uns wertvolle Energie.

Jedes Mal, wenn du also in Zukunft etwas als »Fehler«, »Versagen« oder »Scheitern« empfindest, solltest du Folgendes zu dir sagen: »*Ich habe ein anderes Ergebnis bekommen, als ich erwartet hatte. Das nächste Mal mache ich es anders.*« Ganz emotionslos, ganz neutral. Je öfter du das tust, desto seltener wirst du »Fehler« machen, weil es irgendwann keine Fehler im althergebrachten Verständnis mehr für dich gibt.

Strategie 2: Mach Pareto zu deinem Verbündeten

Perfektionisten glauben, dass sich ihr Erfolg gleichmäßig auf ihren Einsatz verteilt. Das ist allerdings eine Fehlannahme, denn das Pareto-Prinzip lehrt uns: Nur ein Bruchteil unseres Aufwandes ist für den Hauptteil unserer Ergebnisse verantwortlich. In Zahlen ausgedrückt bedeutet das Pareto-Prinzip: Circa 80 Prozent unseres Erfolgs beruhen auf circa 20 Prozent unserer Aktionen. Dieses Prinzip lässt sich übrigens auf alle möglichen Bereiche übertragen. In der westlichen Industriegesellschaft werden 80 Prozent des unternehmerischen Gewinns meist mit 20 Prozent der Produkte erwirtschaftet. Wir tragen zu 80 Prozent nur 20 Prozent unserer Kleidung. Softwarenutzer setzen zu 80 Prozent nur 20 Prozent der verfügbaren Funktionen ein.

Frage dich also: Wann reicht ein gutes Ergebnis, das du mit einem Bruchteil deines Aufwandes erzielen kannst? Hier ist ein Hinweis: immer.

Strategie 3: Fokussiere dich darauf, ein Profi zu sein

Perfektionisten wollen in allem, was sie tun, Profis sein. Doch wenn du wirklich ein Profi sein willst, solltest du dem Perfektionismus den Rücken kehren. Profis wissen genau, wann eine Sache gut genug ist, um sie abzuliefern. Sie verschwenden keine unnötige Zeit und Energie darauf, Dinge besser zu machen als nötig. Sie erkennen, wann der Mehrwert der Verbesserung nur noch marginal ist, und konzentrieren sich auf die nächste Aufgabe, sobald sie einen hinreichenden Erfüllungsgrad erreicht haben.

Strategie 4: Energiediebe und Zeitfresser aufdecken

Diese Technik kannst du einsetzen, um bei einer Aufgabe oder einem Projekt Energiediebe und Zeitfresser auszumachen.

Nimm ein Blatt Papier zur Hand und unterteile es in zwei Spalten. Auf die linke Seite schreibst du die Aktivitäten, die einen überdurchschnittlich hohen Effekt haben. Auf die rechte Seite schreibst du Aktivitäten, die überflüssig, zeitaufwendig oder mühselig sind. Wenn du dich zum Beispiel selbstständig machen willst, könnten deine Spalten so aussehen:

Aktivitäten mit hohem Effekt für meine Produktivität	Aktivitäten mit niedrigem Effekt für meine Produktivität
Eine Stunde am Tag recherchieren	Mehr als fünf Stunden am Tag recherchieren
Texte roh niederschreiben und erst in der zweiten Phase redigieren	Texte ständig umschreiben und neu formulieren
Netzwerkpartner direkt ansprechen	Wahllos zu vielen Netzwerkveranstaltungen gehen

Untersuche genau, welche Tätigkeiten und Aufgaben dich deinem Ziel effektiv näher bringen und welche dir unnötig Ressourcen rauben.

Strategie 5: Begrenze die Zeit für eine Aufgabe

Jede Aufgabe nimmt so viel Zeit in Anspruch, wie du ihr gibst. Das bedeutet: Jede Aufgabe dehnt sich so weit aus, wie der veranschlagte Zeithorizont es zulässt. Wenn du also keine Deadline hast, kann der Zeitraum für die Erledigung ins Unendliche gehen. Gewöhne dir an, jeder Aufgabe einen konkreten Zeitrahmen zu geben, und halte dich dann konsequent daran.

Strategie 6: Werde dir klar darüber, dass es niemand anderen interessiert

Mach dir bewusst, dass dein Perfektionismus niemanden interessiert außer dich selbst. Keiner erwartet von dir uneingeschränkte Bestleistungen, außer vielleicht andere Perfektionisten. Warum willst du dich also länger für deinen Perfektionismus aufopfern?

Strategie 7: Erkenne, dass du wertvoll bist, auch ohne etwas zu leisten

Achte darauf, wann du dich über deine Leistungen definierst. Versuche immer öfter, gar nichts zu tun oder zu erreichen, und fokussiere dich auf deine Mitmenschen. Du wirst erstaunt sein, dass sie dich auch dann mögen, wenn du keine großartigen Leistungen erbringst.

9. Wie du nie wieder prokrastinierst

»Ich kann, weil ich will, was ich muss.«
Immanuel Kant

Am liebsten so einfach wie möglich?

Es liegt in unserer Natur, uns die Dinge so einfach wie möglich zu machen. Warum sollten wir einen Umweg gehen, wenn es eine Abkürzung gibt? Mit dieser Haltung liegen wir oft goldrichtig, denn sie spart uns Energie, Zeit und Aufwand und erleichtert uns das Leben.

Beim Prokrastinieren allerdings suchen wir nach einer Abkürzung, wo es keine gibt. Die Steuererklärung erledigen, den Keller aufräumen, Dokumente sortieren, das Fahrrad reparieren, die Verwandten anrufen, zum Sport gehen – solche Vorhaben schieben wir gerne auf, weil sie Unlust und Widerwillen in uns auslösen. Und natürlich haben wir unzählige Gründe parat, warum wir die unangenehmen Dinge des Alltags zu einem späteren Zeitpunkt erledigen werden. *»Ich komme einfach nicht dazu.«, »Ich habe jetzt keine Lust.«, »Der Tag war zu anstrengend.«, »Ich finde einfach keine Zeit.«, »Mir fehlt noch dieses und jenes. Aber morgen fange ich an.«* Auch im Beruf gehen wir wichtigen Projekten gerne aus dem Weg, lassen uns ablenken, unterbrechen immerzu unsere Tätigkeiten und wenden unsere Energie und Zeit lieber für andere Dinge auf: E-Mails, Hilfegesuche von Kollegen, die Beschäftigung mit Social Media und ein kleiner Plausch in der Kaffeeküche sind häufig einfach angenehmer als konzentriertes und fokussiertes Arbeiten.

So gehen wir immer wieder den Weg des geringsten Widerstandes. Es ist ein vermeintlich einfacher Weg. Langfristig verursachen wir so jedoch viel mehr Probleme, als uns der Nutzen der kurzfristigen Lösung bringt. Der Grund dafür liegt im »Depletion-Effekt«. »To deplete« bedeutet »aufbrauchen, abbauen, erschöpfen«. Der *Depletion-Effekt* sagt aus, dass wir es uns beim Versuch, die Dinge leichter zu machen, tatsächlich schwerer machen.

Und so läuft diese Form der Selbsttäuschung unserer Psyche ab:

▶ Wir schieben eine Aufgabe auf, weil es uns in dem Augenblick leichter vorkommt, sie nicht zu erledigen.

▶ Wir reden uns ein: »Es macht nichts, wenn ich sie jetzt nicht erledige.«

▶ Der Berg unserer Aufgaben wächst. Es wird immer schwerer, all die unerledigten Dinge in den Griff zu bekommen.

▶ Unsere Motivation sinkt weiter.

▶ Wie schieben immer mehr Aufgaben auf.

Nicht zu handeln hat demnach enorme Auswirkungen – nicht nur auf unsere Ergebnisse, sondern auch auf unsere Psyche. Wenn wir ständig im Kopf haben, was wir noch erledigen müssen, verschwenden wir einen erheblichen Teil unserer mentalen Kapazität. Die unerledigten Dinge werden zu geistigem und seelischem Ballast und türmen sich in unserem Kopf zu erdrückenden Aufgabenbergen auf.

Insgeheim machen wir uns dann Vorwürfe wegen unserer Inaktivität. Natürlich drücken wir diese Gedanken lieber weg, lenken uns ab und machen Dinge, auf die wir Lust haben, weil sie leichter sind und uns Spaß machen. Vor den Konsequenzen unseres Aufschiebens verschließen wir so lange die Augen, bis es nicht mehr geht, und rechtfertigen unser Verhalten mit fehlender Zeit und Energie, mangelnden Ressourcen oder anderen äußeren Umständen. Später jedoch müssen wir wesentlich mehr Energie aufbringen, um die Aufgaben zu erledigen, weil uns die Zeit davonläuft, wir einen immensen Druck verspüren und sich unsere Abneigung weiter verstärkt hat.

Eine Studie der Universität Mainz unterstreicht die Wirkung des Depletion-Effekts. Sie zeigt, dass Menschen, die ständig etwas aufschieben, über ein geringeres Einkommen verfügen, seltener in einer Partnerschaft leben, öfter arbeitslos sind und vermehrt unter Stress, Angst, Depressionen, Erschöpfung und Einsamkeit leiden als Menschen, die ihre Aufgaben dann erledigen, wenn sie anstehen. Wer sein Leben meistern und wirklich produktiv sein will, kommt nicht umhin, mit seinen Ausreden Schluss zu machen.

Ursachen und Folgen von Prokrastination

Forschungsergebnissen der Universität Münster zufolge kennen nur etwa zwei Prozent der Bevölkerung keine Prokrastination. Bei sieben Prozent ist die Prokrastination so stark ausgeprägt, dass sie Hilfe in Anspruch nehmen müssen, um ihr Leben zu meistern. Für den Großteil der Menschen ist dieses Verhalten somit nicht pathologisch.

Jedoch hat ein solches Verhalten verschiedene Effekte, die uns im Normalfall nicht bewusst sind. Die Prokrastination schränkt nicht nur unsere Leistungsfähigkeit ein. Sie kann auch zu körperlichen Beschwerden wie Muskelverspannungen, Verdauungsbeschwerden, Schlafstörungen und Herz-Kreislauf-Problemen führen. Weitere Auswirkungen sind innere Unruhe, Anspannung, großer psychischer Druck, Gefühle der Hilflosigkeit, Angst und sogar Panik.

Die Ursachen für unser Aufschieben sind vielfältig. Zu den häufigsten gehören:

▶ ein schlechtes Zeitmanagement, zum Beispiel aufgrund von Schwierigkeiten beim Priorisieren sowie einer falschen oder illusorischen Planung

- die Unfähigkeit, sich gegen alternative Handlungsoptionen abzugrenzen
- eine geringe Konzentrationsfähigkeit
- eine Abneigung gegen die Aufgabe
- Versagensängste
- die Angst vor Kritik und Ablehnung
- Fehleinschätzungen in Bezug auf die Aufgabe, das eigene Engagement und die persönliche Leistungsfähigkeit

Psychologische Treiber hinter der Prokrastination

Viele Menschen beobachten andere und sagen »*Das könnte ich auch*« oder »*Das würde ich auch gerne tun*«. Die Ausreden, warum sie dennoch nicht handeln, sind vielfältig. Natürlich liegt bei niemandem eine bewusste Absicht dahinter. Vielmehr sind bestimmte psychologische Treiber dafür verantwortlich. Zu den häufigsten Treibern gehören diese:

1. Veränderung aus dem Weg gehen
Solange wir etwas aufschieben, können wir einfach so bleiben, wie wir sind. Und solange wir nicht aktiv werden, haben wir vermeintlich die Möglichkeit, die Umstände und andere Menschen für unsere Situation verantwortlich zu machen.

2. Angst vor Erfolg
Wer bei Vorhaben prokrastiniert, die zu einer Sichtbarkeit in der Öffentlichkeit führen, hat oft Angst vor dem eigenen Erfolg. Dieser subtilen Furcht können verschiedene Ursachen zugrunde liegen. So haben wir möglicherweise Angst vor den Verpflichtungen, die auf uns zukommen, oder vor der vielen Arbeit, die nötig sein wird, um

unseren Erfolg aufrechtzuerhalten. Auch mit Neidern und Nörglern wollen wir nichts zu tun haben. Darüber hinaus befürchten wir vielleicht, aufgrund unserer Leistung Anerkennung, Ruhm und Reichtum zu erhalten und damit nicht umgehen zu können.

3. Keine Verantwortung für mögliches Scheitern übernehmen wollen
Ein weiterer Treiber hinter dem Aufschieben ist unsere Angst vor dem Scheitern. Unsere Prokrastination will uns vor möglichen Gefahren schützen: »*Mach dich nicht lächerlich. Sag lieber nichts.*«, »*Fall nicht auf. Die Beförderung bekommst du doch sowieso nicht.*«, »*Lass es, sonst wirst du nur enttäuscht.*«, *Das schaffst du sowieso nicht. Warum solltest du es überhaupt versuchen?*« Hinter solchen Gedanken liegt die Befürchtung, unser Gesicht zu verlieren und letztlich keine Wertschätzung und Zuneigung anderer zu bekommen. Durch unser Nichtstun bleiben wir auf der sicheren Seite und können sagen: »*Ich habe ja nichts getan, also kann ich auch nicht schuld sein, wenn etwas schiefgeht.*«

Mit all diesen Denkweisen fördern wir unsere Selbsttäuschung und schränken unseren Gestaltungsspielraum ein.

Die ultimative Strategie zur Überwindung von Prokrastination

Egal warum wir Unangenehmes aufschieben, es gibt nur einen einzigen Weg, um Motivation zu entwickeln und Prokrastination zu überwinden: machen.

Aktiv zu werden, ist die einzige Strategie, die wirklich gegen das Aufschieben funktioniert. Das ist ziemlich ernüchternd, nicht wahr? Schließlich suchen wir doch alle nach der ultimativen Motivationsspritze. Doch leider gibt es die nicht. Kein Guru, Buch, Seminar oder

Geld der Welt kann uns nachhaltig Motivation einimpfen. Das Einzige, was gegen Prokrastination hilft, ist: uns zu überwinden und zu handeln, auch wenn wir gerade zu bequem sind oder Angst und Selbstzweifel verspüren. Ins Tun zu kommen, ist das ganze Geheimnis der Motivation. Alles andere ist nur Verputz und Augenwischerei.

Die AEA-Formel

Wie nun können wir den Impuls des Handelns auslösen? Wir wissen bereits, dass unser gesamtes Verhalten auf unseren inneren Strategien beruht. Um die Strategie für das »*Machen*« zu aktivieren, lässt sich die AEA-Formel verwenden. Sie beruht darauf, einen Anker zu nutzen, um situativ Einsicht zu erhalten und in Aktion zu kommen.

1. Anker auslösen

Der erste Schritt, um aktiv zu werden, ist der Einsatz eines Ankers. Wir nutzen ihn als Startsignal, um die Strategie »*Beginne jetzt*« auszulösen. Wie bereits im Kapitel über entschlossenes Handeln beschrieben, kannst du beispielsweise den Auslöser-Satz »*Hilft ja nix!*« verwenden, um dich in Aktion zu versetzen. Je öfter du einen solchen Auslöser-Satz einsetzt, desto stärker programmierst du dein Unterbewusstsein darauf, immer dann aktiv zu werden, wenn du ihn aussprichst. Das ist die Programmierung, die dein Gehirn braucht, um von Autopilot auf Selbststeuerung umzuschalten.

2. Einsicht entwickeln

Motivation entsteht aus der Einsicht, dass wir nur eine Option haben, um voranzukommen und unsere Ziele zu erreichen: Wir müssen unsere Aufgaben in Angriff nehmen. Wir brauchen diese Einsicht, um unsere Unlust zu überwinden und die Handlungsenergie aufzubringen, die nötig ist, um aktiv zu werden.

Zur Förderung dieser Einsicht ist es sehr hilfreich, uns daran zu erinnern, warum wir eine Aufgabe erledigen wollen.

Wir haben bereits erörtert: Alles, was wir glauben, tun zu müssen, ist das Ergebnis einer Entscheidung, die wir einmal getroffen haben. Es gibt immer einen Grund, warum wir uns etwas vorgenommen haben. Doch dieses *Warum* vergessen wir nur allzu oft. Es hat eine immense Kraft, uns unser *Warum* vor Augen zu führen, denn dies verleiht uns zusätzliche Motivation und Energie.

Wenn du Dinge wieder einmal aufschiebst, erinnere dich daran, warum du sie tun willst und was dazu geführt hat, dass sie auf deiner Agenda stehen. Lass uns dazu ein paar Beispiele betrachten. Wenn du keine Lust hast, für die nächste Prüfung zu lernen, frag dich, warum du diese Prüfung bestehen willst. Wirst du eine Qualifikation erlangen, die dich weiterbringt? Kannst du damit deinen Traumberuf ausüben?

Wenn du dich selbstständig machen willst und keine Texte für deine Website zustande bringst, erinnere dich daran, warum du selbstständig sein willst. Willst du die Freiheit und Selbstbestimmung genießen, mehr Geld verdienen oder das tun, was dich wirklich glücklich macht?

Wenn es um die Steuererklärung geht, mache dir bewusst, dass du ruhigen Gewissens schlafen willst, ohne Ärger mit dem Finanzamt zu bekommen. Dich an dein Warum zu erinnern kann wahre Wunder bewirken, wenn es darum geht, deine Prokrastination zu überwinden.

3. Aktion

Wollen wir ins Tun kommen, hilft nichts als pures, nüchternes Handeln – auch dann, wenn wir keine Lust dazu verspüren. Haben wir den Anker ausgelöst und die nötige Einsicht entwickelt, steht dem Aktivwerden nichts mehr im Weg.

Mach deinen inneren Dialog zu deinem Verbündeten

Wie wir bereits gesehen haben, hat unser innerer Dialog einen unmittelbaren Einfluss auf unser Denken, unsere Gefühle und unsere Leistungsfähigkeit. Wenn du beispielsweise zu dir sagst »*Das ist schwer*« oder »*Ich bin zu müde*«, wirst du dich genauso fühlen und die Dinge aufschieben, statt zu handeln. Deine Motivation und Schaffenskraft werden durch die Worte, die du unbewusst wählst, völlig ausgebremst. Betrachten wir einmal zwei alternative Sprachstrategien. Eine spiegelt die Sprache der Prokrastination wider, die andere bringt die Absicht des entschlossenen Handelns zum Ausdruck.

Musst oder willst du handeln?

Es gibt Menschen, die können nicht anders, als Aufgaben sofort zu erledigen. Sie verspüren einen regelrechten Zwang, sich immer genügend Zeit dafür zu geben. Sie können etwas nicht liegen lassen, zu spät damit anfangen oder es gar nicht erledigen. Diese Menschen *müssen* Dinge sofort tun. Was unterscheidet diese Leute von denjenigen, die prokrastinieren? Sie müssen handeln, weil sie es *wollen*.

Wenn wir Aufgaben so einordnen, dass wir sie machen *müssen*, löst das einen inneren Widerwillen bei uns aus. »*Ich muss meine Steuererklärung machen.*«, »*Ich muss aufräumen.*«, »*Ich muss das fertig*

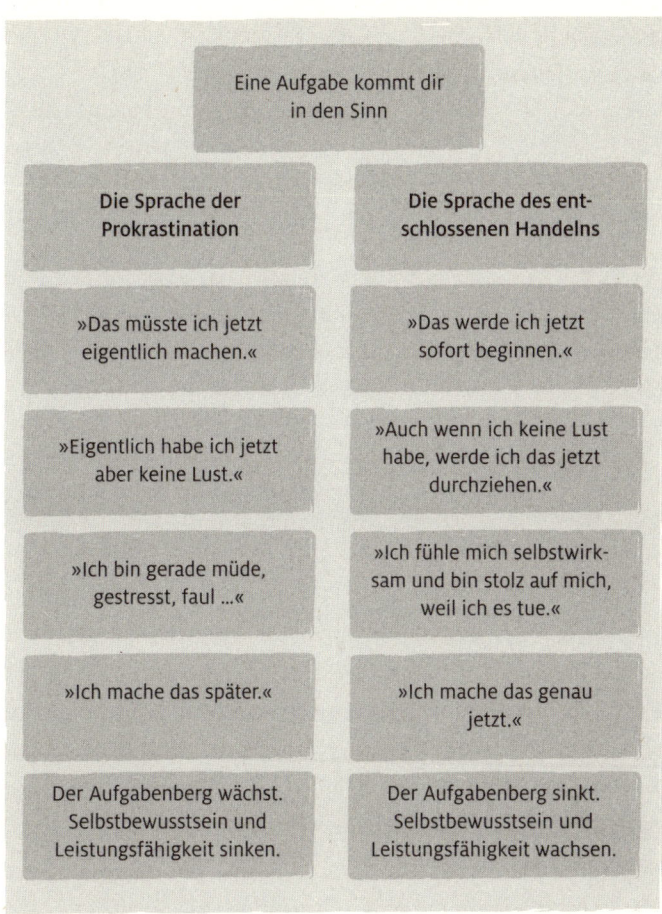

Eine Aufgabe kommt dir
in den Sinn

Die Sprache der Prokrastination	Die Sprache des entschlossenen Handelns
»Das müsste ich jetzt eigentlich machen.«	»Das werde ich jetzt sofort beginnen.«
»Eigentlich habe ich jetzt aber keine Lust.«	»Auch wenn ich keine Lust habe, werde ich das jetzt durchziehen.«
»Ich bin gerade müde, gestresst, faul ...«	»Ich fühle mich selbstwirksam und bin stolz auf mich, weil ich es tue.«
»Ich mache das später.«	»Ich mache das genau jetzt.«
Der Aufgabenberg wächst. Selbstbewusstsein und Leistungsfähigkeit sinken.	Der Aufgabenberg sinkt. Selbstbewusstsein und Leistungsfähigkeit wachsen.

Die Sprache der Prokrastination und die Sprache des entschlossenen Handelns

kriegen.« All diese Sätze verursachen in uns ein Gefühl der Abneigung und Ablehnung, da wir sie sprachlich in einen »*Müssen*«-Rahmen gelegt haben. Weil wir darauf gepolt sind, Unlust zu vermeiden, sind wir nicht motiviert, lästige Dinge anzugehen, und schieben sie lieber auf.

Müssen-Rahmen	Wollen-Rahmen
»Ich muss die Steuererklärung machen.«	»Ich will die Steuererklärung machen. Es ist ohnehin unvermeidlich, und wenn ich sie erledigt habe, lastet diese Aufgabe nicht mehr auf mir.«
»Ich muss dieses Projekt erledigen.«	»Ich will dieses Projekt erledigen, weil es mich in meiner Karriere vorwärtsbringt. Wenn ich es erledigt habe, steigen mein Selbstbewusstsein, mein Ansehen und mein Einkommen.«
»Ich muss meine Verwandten anrufen.«	»Ich will meine Verwandten anrufen, weil ich sie liebe und sie die wichtigsten Menschen in meinem Leben sind.«
»Ich muss etwas verändern.«	»Ich will etwas verändern, weil ich dann im Leben vorankomme. Nur ich selbst kann etwas verändern und dafür übernehme ich die volle Verantwortung.«

Umdeutung der Aufgabe durch einen »Wollen«-Rahmen

Hier hilft ein gedanklicher Perspektivwechsel. Warum nicht einmal die Dinge so einordnen, dass wir sie tun *wollen,* statt sie tun zu *müssen?* Wenn wir die Steuererklärung nicht mehr machen *müssen,* sondern sie machen *wollen,* wenn wir nicht aktiv werden *müssen,* sondern aktiv werden *wollen,* dann steht uns das Tor offen, positive Empfindungen mit der Aufgabe zu verbinden.

Plane deinen Erfolg: So kommst du ins Tun

Lass uns nun all die Strategien verbinden, die du bisher kennengelernt hast, um deiner Prokrastination ein Ende zu setzen. Überlege dir dafür ein Vorhaben, bei dem du deine Bequemlichkeit überwinden willst, und durchlaufe die neun Schritte des folgenden Erfolgsplans. Idealerweise machst du diese Übung schriftlich und nimmst dir dafür hinreichend Zeit.

Schritt 1: Die Dringlichkeit bestimmen

Kläre zuerst, wie dringend die Aufgabe ist. Muss sie bald erledigt sein, gehe zu Schritt 3 über. Kannst du dir Zeit damit lassen, entscheide dich bewusst dafür, sie so lange nicht in Angriff zu nehmen, bis sie dringend geworden ist.

Schritt 2: Prioritäten setzen

Überlege nun, wie wichtig dir die Aufgabe ist. Hat sie für dich Priorität, gehe zu Schritt 3 über. Hat sie keine große Bedeutung, entscheide dich bewusst dafür, sie so lange nicht zu tun, bis sie dir wichtig geworden ist.

Schritt 3: Das Ziel und die Gründe dafür definieren

Schreibe auf, was das konkrete Ziel ist. Was genau willst du erreichen und warum? Was wirst du gewinnen? Liste alle Vorteile auf, die du erzielst, wenn du deine Aufgabe erledigt hast.

Schritt 4: Vorfreude und Ergebnis visualisieren

Reise nun gedanklich in die Zukunft und stell dir vor, dass du die Aufgabe erledigt und dein Ziel erreicht hast. Male dir deinen Erfolg in schillernden Farben aus. Wie fühlst du dich, jetzt wo du am Ziel bist? Wer lobt dich, wer ist stolz auf dich? Worauf kannst du dich freuen? Was ist anders in deinem Leben?

Schritt 5: Konstruktiv planen

Aufgaben in kleine Schritte herunterzubrechen, nimmt ihnen ihre Übermacht. Bestimme dazu folgende Aspekte: Welche Meilensteine gibt es? In welche Planungsschritte kannst du die Aufgabe vorab unterteilen, damit du sie reibungslos ausführen kannst? Wie sehen die einzelnen Schritte aus, die zur Erledigung nötig sind?

Schritt 6: Ein Aktionsumfeld schaffen

Um aktiv zu werden, brauchst du das passende Umfeld. Für die Steuererklärung benötigst du alle Unterlagen an einem Platz. Für ein Projekt sollten alle wichtigen Informationen verfügbar sein. Für kreative Arbeit brauchst du Inspiration. Schaffe dir ein Umfeld, das dich dabei unterstützt, dein Vorhaben ungestört umzusetzen.

Schritt 7: Einen positiven inneren Dialog führen

Dein innerer Dialog ist ein mächtiger Verbündeter. Du kannst dich damit ganz einfach »in Stimmung reden«. Überlege dir dazu, was du konkret zu dir sagen könntest, um dir die Aufgabe leicht zu machen. Welche Worte ermuntern dich, dein Vorhaben anzugehen? In welcher Stimmlage solltest du sprechen? Vielleicht mit einer liebevollen, ermutigenden oder selbstbewussten Stimme? Experimentiere mit deinem inneren Dialog, bis du einen Weg gefunden hast, dich über deine Sprache zu motivieren.

Schritt 8: Freude am Tun entwickeln

Finde für dich heraus, wie du die Aufgabe mit Spaß verbinden kannst. Wie kannst du Freude am Tun entwickeln? Wie lassen sich negative Gefühle vermeiden? Was kannst du am Prozess verändern, damit du ein Projekt gerne machst?

Schritt 9: Die Strategie der kleinen Schritte

Wenn ich dich in Bezug auf dein Vorhaben fragen würde: »*Was muss als Erstes passieren, damit du erreichst, was du dir vorgenommen hast?*«, wie würde deine Antwort lauten?

Dies ist keine triviale Frage. Sie zielt darauf ab, welche Entscheidungen du zunächst fällen musst. Vielleicht solltest du zuerst einen Entschluss fassen, etwas aufschreiben oder einen Plan machen. Der erste Schritt ist für jeden individuell. Wie sieht er bei dir aus?

Wenn du die Antwort gefunden hast, lautet die anschließende Frage: »*Was muss als Nächstes passieren?*« Hast du auch darauf eine Antwort, kannst du dir immer wieder diese Frage stellen. So erreichst du Schritt für Schritt dein Ziel.

Wachstumsstrategien, mit denen du nie wieder prokrastinierst

Strategie 1: Erkenne den Preis deiner Bequemlichkeit

Alles, was wir tun oder unterlassen, hat einen Effekt. Schieben wir etwas auf, bezahlen wir dafür immer einen Preis. Frage dich daher einmal: »*Was kostet es mich, wenn ich meine Vorhaben aufschiebe?*«

Sei schonungslos ehrlich zu dir selbst und beantworte die beiden folgenden Fragen für jeden Lebensbereich.

Lebensbereich	Was schiebe ich auf?	Was kostet mich das?
Gesundheit		
Familie		
Partnerschaft		
Beruf		
Finanzen		
Wohnung, Umfeld, Lifestyle		
Lebensfreude, Spaß, Erholung		
Persönliches Wachstum		

Nimm dir ausreichend Zeit für diese Überlegungen, denn sie können zu sehr bewegenden Erkenntnissen führen.

Strategie 2: Finde heraus, warum du etwas tun willst

Was ist dein *Warum* hinter der Aufgabe, die du dir vorgenommen hast? Dich an dein *Warum* zu erinnern, kann wahre Wunder bewirken. Das Gefühl, etwas tun zu müssen, ist dabei kein Grund, denn wir müssen nichts, außer irgendwann einmal sterben. Hör also auf, dir einzureden, dass du etwas tun müsstest. Was wirklich hinter der Aufgabe liegt, ist eine Entscheidung. Du hast dich zu irgendeinem Zeitpunkt für etwas entschieden, und daraufhin aktiv zu werden ist die einzige logische Konsequenz.

Strategie 3: Suche dir etwas Schlimmeres

Wenn du ein Vorhaben nicht angehst, kannst du dich mit dieser Strategie motivieren: Such dir eine Aufgabe, die du überhaupt nicht leiden kannst, zum Beispiel bügeln, Knöpfe annähen, abwaschen, staubsaugen, die Steuererklärung machen. Dann beginne mit dieser unliebsamen Tätigkeit. Erledige nur einen Teil davon. Wenn du keine Lust mehr hast, widme dich deinem eigentlichen Vorhaben. Wechsele so lange zwischen den beiden Aufgaben, bis du deine Hauptaufgabe erledigt hast.

Strategie 4: Verändere das Müssen in ein Wollen

Ersetze die Wendung »Ich muss« konsequent mit »Ich darf« oder »Ich werde«. Diese Strategie kann sich anfangs etwas sperrig anfühlen, doch sie ist von einem unschätzbaren Wert. Sag wortwörtlich zu dir: »Ich darf / will / werde jetzt abwaschen.«, »Ich darf / will / werde jetzt meine Steuererklärung machen.« »Ich darf / will / werde dieses Projekt jetzt starten.« Allein durch deine veränderte Wortwahl veränderst du dein Gefühl in Bezug auf die Aufgabe und kannst dich leichter motivieren, sie auch in Angriff zu nehmen.

Strategie 5: Gib dir nur fünf Minuten

Beginne deine Aufgabe und nimm dir vor, sie nur für fünf Minuten auszuführen. Frage dich nach fünf Minuten: *»Will ich weitere fünf Minuten an diesem Projekt arbeiten?«* Wenn diese Zeit vergangen ist, entscheide dich erneut, ob du damit fortfahren möchtest, und führe diese Strategie fort. Wenn du nicht weiter an dem Projekt arbeiten willst, tu etwas anderes, bis du wieder den Impuls verspürst, dich dem Projekt zu widmen. Arbeite weiterhin nur in Fünf-Minuten-Abschnitten daran. Länger darfst du nicht an deiner Aufgabe dranbleiben. Oder vielleicht doch?

Strategie 6: Entscheiden statt Aufschieben

Du kannst dich jederzeit für oder gegen eine Aufgabe entscheiden. Es ist völlig legitim, dir bewusst zu erlauben, etwas in einem bestimmten Moment nicht zu tun. Unangenehm wird die Entscheidung erst, wenn du dich dafür verurteilst, dass du nicht aktiv wirst. Durch dieses Urteil wird dein Beschluss, etwas nicht zu tun, selbstzerstörerisch.

Das nächste Mal, wenn du beschließt, etwas nicht zu tun, sage dir bewusst: *»Ich entscheide mich jetzt dafür, es nicht zu tun«*, statt *»Eigentlich müsste man mal …«*. Und dann widme dich der Tätigkeit willentlich nicht. Mach dir keine Vorwürfe, denn du handelst bewusst. Halte die Aufgabe allerdings schriftlich fest, zum Beispiel mit konkretem Datum in deinem Kalender oder deiner To-do-Liste. Erledige sie genau dann, wenn sie ansteht, und streiche sie bis dahin aus deinem Kopf. Wenn der Termin für die Aufgabe gekommen ist, nimm sie sofort in Angriff, zum Beispiel indem du die AEA-Formel anwendest.

... und wann bin ich fertig?

Dranbleiben ist der Schlüssel zum Erfolg

Manchmal werde ich gefragt: »*Und wann bin ich fertig mit meiner Veränderung?*« Meine Antwort darauf lautet: Wir sind nie fertig. Wachstum und Veränderung enden nicht. Wir können lernen und wachsen, bis wir auf unserem Sterbebett liegen.

Wenn du diese Haltung verinnerlichst, wirst du das erleben, was viele anstreben: ein wahrhaft selbstbestimmtes Leben bis zum Ende. Mögen dich auf deiner Reise stets Liebe, Schaffenskraft und Lebensfreude begleiten.

Es war mein aufrichtiges Anliegen, dir in diesem Buch Strategien zu vermitteln, die dein Leben bereichern können. Sie erweisen mir in meinem eigenen Leben und in meiner Arbeit mit Menschen einen großen Dienst. Damit sie auch für dich ihre volle Wirksamkeit entfalten, empfehle ich dir, das Buch nicht einfach zur Seite zu legen, sondern dir das neu gewonnene Wissen immer wieder zu vergegenwärtigen und es Schritt für Schritt in dein Leben zu integrieren. Andernfalls werden die Einsichten und Strategien im Alltag schnell in den Hintergrund treten und dich in deiner Komfortzone verweilen lassen. Dann bist du zwar an einem bequemen Ort. Doch das Leben, das du dir wirklich wünschst, wartet hinter den Grenzen deiner Komfortzone auf dich. Je öfter du diese Grenzen überschreitest und dich neuen, ungewohnten und unbequemen Situationen stellst, desto schneller wirst du dich weiterentwickeln. Natürlich wird sich die gewünschte Veränderung nicht über Nacht einstellen. So funktioniert unser Leben nicht. Wenn du einen Samen gesät hast und das zarte Pflänzchen sich entwickelt, kannst du nicht an den Blättern ziehen, damit es schneller wächst, und in einer Woche Früchte erwarten. Es kann Wochen, Monate oder Jahre dauern, bis du erntest, was du gesät hast. Das Wichtigste im Prozess der Veränderung ist jedoch, zuversichtlich zu sein, immer wieder die eigenen Grenzen zu überwinden und vor allem dranzubleiben. So werden sich deine neuen Strategien immer natürlicher und selbstverständlicher anfühlen. Und der Lohn deiner Bemühungen wird den Preis, den du dafür gezahlt hast, schon bald um ein Vielfaches übersteigen.

Vielen Dank, dass du dir die Zeit genommen hast, dieses Buch zu lesen. Es war mir eine Freude, meine Ideen und Strategien mit dir zu teilen. Ich wünsche dir, dass sie dir denselben Nutzen bringen wie meinen Seminarteilnehmern, Klienten und mir selbst.

Wenn du weitere Ergebnisse erzielen möchtest, kannst du dich hier über mein aktuelles Coaching- und Seminarangebot informieren, wertvolle Artikel finden und deine Erfahrungen mit mir teilen:

www.jacqueline-koeppen.com

Ich freue mich von Herzen auf dich.

Literatur- und Quellenverzeichnis

Richard Bandler, John Grinder: The Structure of Magic I. A Book about Language and Therapy. Science and Behavior Books, Palo Alto 1975

Noam Chomsky: Sprache und Geist. Übersetzt von Siegfried Kanngießer. Suhrkamp Verlag, Frankfurt 1973

Steve De Shazer: Wege der erfolgreichen Kurzzeittherapie. Aus dem Amerikanischen von Ulrike Stopfel. Klett-Cotta, Stuttgart 1989

Robert Dilts: Die Magie der Sprache: Sleight of Mouth. Angewandtes NLP. Junfermann Verlag, Paderborn 2016

Albert Elis: Training der Gefühle: Wie sie sich hartnäckig weigern, unglücklich zu sein. mvg, München 2006

Rick Hanson, Forrest Hanson: Das resiliente Gehirn: Wie wir zu unerschütterlicher Gelassenheit, innerer Stärke und Glück finden können. Aus dem amerikanischen Englisch übertragen von Richard Reschika und Nadine Helm. Arbor, Freiburg im Breisgau 2019

Donald O. Hebb: The Organization of Behavior. A Neuropsychological Theory. Wiley, New York 1949

Alfred Korzybski: Science and Sanity: An Introduction to Non-Aristotelian Systems and General Semantics. Institute of General Semantics, Englewood, New Jersey 1994

Maxwell Maltz: Psycho-Cybernetics. Updated and expanded. Perigee, New York 2015

Andrew Newberg, Mark Robert Waldman: Die Kraft der mitfühlenden Kommunikation: Wie Worte unser Leben ändern können. Aus dem Amerikanischen von Dagmar Mallett. Kailash Verlag, München 2013

Carl R. Rogers: Entwicklung der Persönlichkeit. Psychotherapie aus der Sicht eines Therapeuten. Aus dem Amerikanischen von Jacqueline Giere. Klett-Cotta, Stuttgart 2018

Theodore I. Rubin: Mach Deinem Ärger Luft! Negative Energiestaus positiv nutzen. Moderne Verlagsgesellschaft, München 1989

Joachim Stoeber, Kathleen Otto (2006): »Positive conceptions of perfectionism: Approaches, evidence, challenges«. Personality and Social Psychology Review, 10(4), S. 295–319

Rolf Verres, Ingrid Sobez: Ärger, Aggression und soziale Kompetenz. Zur konstruktiven Veränderung destruktiven Verhaltens. Klett-Cotta, Stuttgart 1980

»Wenn du ein Problem hast,
versuche es zu lösen.
Kannst du es nicht lösen,
dann mache kein Problem daraus.«
Buddha

Dieses Buch hat die Kraft, ihr Leben zu verändern.